今すぐ、実家を売りなさい

空き
20
の衝撃
問題

空き家活用株式会社
代表取締役CEO
和田貴充

光文社

はじめに

みなさん、はじめまして。空き家活用株式会社の和田貴充です。

空き家でお困りの所有者さんや、空き家を手に入れたいという購入希望者さんたちから相談を受け、両者をつなぐお手伝いをしたり、空き家に関するさまざまな事業者さんを紹介したりといったことをしています。一言で「空き家コンサルタント」という肩書で呼ばれることもあります。空き家コンサルタントというと偉そうですが、空き家に困っている人なら誰でも相談をしてもらい、解決策を見出すお手伝いをしますよ、という、まあ空き家のなんでも屋さんです。

「空き家」という言葉、もちろん聞いたことがありますよね。今お住まいの家とは別に、「実家」があり、「今すぐ、実家を売りなさい」というタイトルが琴線に触れて、本書を手に取っていただいた方もいらっしゃるかと思います。

突然ですが、こんな話をしたいと思います。

「五〇〇万円の相続のお金で憎み合い、絶縁状態になった兄弟」
親の生前にはとても仲がよかった兄弟が、親の死後に、実家の価値を試算をしてみると五〇〇万円ほど。これを売却するかしないかで意見が合わず、最終的に兄弟は絶縁状態になってしまいました。

「兄弟三人で結論に至らず、廃墟になってしまった築一〇〇年の豪農の家」
地域の名士でもある、「豪農」と呼ばれる一家。この名家の住まいはきっと、地域でもシンボル的なものだったでしょう。この建物も兄弟間での折り合いがつかず、結果実家は「廃墟」のようになってしまいました。

ほかにもたくさんの、空き家にまつわる悲惨というしかない事例や相談を受けることがあります。二つの事例のとおり、以前は幸せだった日常生活や良好だった家族関係が、いざ「空き家」となる相続のタイミングで一転。「絶縁」や「廃墟」などの残念な言葉が象徴するような展開に陥ってしまいます。

こんな所有者さんがいると、いつも僕は思うんです。
「僕に相談してくれればいいのに〜！」「解決策があるのに〜！」って。なんとでもするのに！

しかし、気持ちも分かるのです。人生で初めて直面する問題に、何をしたらいいのか、誰に相談すればいいのかも分からない。相続の場合には故人への思いもあってなかなか手を付けられない。周囲との関係性も崩さないように、ゆっくりじっくりと考えて進めているようで、現実は立ち止まっている……。みなさんの実家が、困った空き家に変わる瞬間です。

それがゆえに世間には、空き家が増えているのが現実です。そして、どんどん手遅れになっていきます。

僕たち空き家活用株式会社は創業以来この九年間で、一六・五万件の空き家情報を自社で調査し、五〇〇〇人以上の所有者さんからの相談、三〇〇を超える自治体や多くの事業者との対話を重ねてきました。

その上で、僕たちは「空き家二〇〇〇万問題」というキーワードを社会に投げかけたいと思います。これは今、あなたの目の前にある問題です。日本の大きな課題です。

この本では、誰もに関わる「空き家二〇〇〇万問題」の実像を知っていただき、そして誰しもに降りかかる空き家のリスクと、僕たちが伝えたい解決方法、そして活用方法を知っていただきたいです。「今すぐ、実家を売りなさい」。この強いメッセージの背景も、徐々に分かっていただけるのではないかと思います。

あなたの実家は、今、どうなっていますか？

「両親ともに元気だから、まだ先の話」

「生まれ育った実家だから、できればそのまま残したい。でも、どうしたらいいか分からない」

「何から手を付けていいか分からない」

そう思っている方こそ、ぜひご自身のことと考えて、お読みいただけると幸いです。

空き家活用株式会社

代表取締役ＣＥＯ　和田貴充

今すぐ、実家を売りなさい　目次

第四章 大丈夫、あなたの実家は今だからこそ売れる……65

編集協力／高木香織
ブックデザイン／原田恵都子（Harada+Harada）
図版制作／デザインプレイス・デマンド
第一章イラスト／野口安奈

第一章

空き家問題へ、ようこそ

「空き家問題」は、誰の問題なのか？

「空き家問題」。この身近にあるようで、遠い。中身が分かるようで、分からない社会問題。「空き家」とはいったいどんな状態のものを指すのでしょうか。まずこの定義自体が分からないと思います。ボロボロで朽ちかけている一軒家を想像する人もいれば、団地の空室を想像する人もいるでしょう。平成二七年施行の「空家等対策の推進に関する特別措置法（以下、空家特措法）」では、

「空家等」とは、建築物又はこれに附属する工作物であって居住その他の使用がなされていないことが常態であるもの及びその敷地（立木その他の土地に定着する物を含む。）をいう。ただし、国又は地方公共団体が所有し、又は管理するものを除く。

と定義されていますが、具体的には分かりませんよね。誰にとっての問題かも、どんなメカニズムで発生するのか、何に困るのかも。明確な解答を知っている人はいません。まずは、今まさに空き家を抱えて困っている方も、少しハシを置いて学んでみてください。空き家問題がみるみる分かってくる「空き家クイズ」！

Q.1

日本で一番空き家が
多い市区町村は
どこでしょう？

A.1

市区町村では東京都世田谷区。都道府県では東京都。

意外に思われるかもしれませんが、日本でもっとも空き家が多いのは東京都世田谷区で、四万九〇〇〇戸あるといわれています。おそろしい数です。そうです。空き家問題は地方で生じていると思われがちですが、実は都市部でも発生しているのです。

一つ目の理由は、**東京都は人口が集中しているため、そもそも住宅数全体が他の市区町村より圧倒的に多い**ことです。統計調査では、戸建てのほかにアパートやマンションの部屋も物件数に含まれます。母数が多ければ、当然、空き家も増える傾向にあります。

二つ目の理由は、東京都心で働くサラリーマンのベッドタウンとして、高度経済成長期に急激に人口が増加した地域であること。**高度経済成長期に東京に引っ越してきたファミリー層が高齢になり、亡くなったり施設に入所したりするタイミングが今**です。その上、子どもたちの側に代々家を受け継ぐという意識は薄く、家を出て別の住まいを持っているケースが多い。別の場所で家を持ってしまった子どもたちは、もはや実家に戻ることはないでしょう。これは空き家が生まれる基本的なメカニズムで、こうして世田谷区には空き家が多いのです。

では、都道府県別に見るとどうでしょうか。

空き家率（全戸数に対しての空き家の割合）が全国でもっとも高いのは、一位が和歌山県で、次いで徳島県、鹿児島県、高知県、愛媛県となっています。別荘や、ときどき誰かが泊まるために自宅とは別に所有している家（二次的住宅）などを含めると、一位は山梨県、次いで和歌山県、長野県、徳島県、高知県及び鹿児島県となっています（総務省統計局「平成三〇年住宅・土地統計調査住宅数概数集計」による）。

表１-１　空き家率—都道府県（平成25年、30年）

空き家率の高い都道府県

	平成30年		平成25年
1	山梨県	21.3%	22.0%
2	和歌山県	20.3%	18.1%
3	長野県	19.5%	19.8%
4	徳島県	19.4%	17.5%
5	高知県	18.9%	17.8%
6	鹿児島県	18.9%	17.0%
7	愛媛県	18.1%	17.5%
8	香川県	18.0%	17.2%
9	山口県	17.6%	16.2%
10	栃木県	17.4%	16.3%

空き家率の低い都道府県

	平成30年		平成25年
1	埼玉県	10.2%	10.9%
1	沖縄県	10.2%	10.4%
3	東京都	10.6%	11.1%
4	神奈川県	10.7%	11.2%
5	愛知県	11.2%	12.3%
6	宮城県	11.9%	9.4%
7	山形県	12.0%	10.7%
8	千葉県	12.6%	12.7%
9	福岡県	12.7%	12.7%
10	京都府	12.8%	13.3%

表１-２　空き家率（二次的住宅を除く）
—都道府県（平成25年、30年）

空き家率の高い都道府県

	平成30年		平成25年
1	和歌山県	18.8%	16.5%
2	徳島県	18.6%	16.6%
3	鹿児島県	18.4%	16.5%
4	高知県	18.3%	16.8%
5	愛媛県	17.5%	16.9%
6	山梨県	17.4%	17.2%
6	香川県	17.4%	16.6%
8	山口県	17.3%	15.6%
9	大分県	15.8%	14.8%
10	栃木県	15.6%	14.7%

空き家率の低い都道府県

	平成30年		平成25年
1	沖縄県	9.7%	9.8%
2	埼玉県	10.0%	10.6%
3	神奈川県	10.3%	10.6%
4	東京都	10.4%	10.9%
5	愛知県	11.0%	12.0%
6	宮城県	11.5%	9.1%
7	山形県	11.6%	10.1%
8	千葉県	11.8%	11.9%
9	滋賀県	11.9%	11.6%
10	京都府	12.3%	12.6%

Q.2

空き家の大半を占めるのは、
A、Bのどちらの
状態でしょうか？

A

ボロボロに朽ちた空き家

B

すぐ使える程度がよい空き家

A.2

「B」。空き家の多くは、きれいで住める状態です。

ゴミが散乱し、外壁が剥《は》がれかけ、屋根もところどころ穴が空いていて、今にも崩れそうな一軒家。空き家といえばそんなイメージが浮かぶ人もいるでしょう。でも、そんなことはありません。**多くの空き家は見た目も設備もよいものが多く、住むことができるのです。統計上、専門用語でいう管理不全の空き家は六・七パーセントしかないのです。**

今、空き家は全国で約八九四万戸あります。そのうち、市場に出て売買や賃貸の相手を探しているのが約五〇〇万戸です。残った約三四九万戸は、流通されず放置されているのです（総務省「平成三〇年住宅・土地統計調査特別集計」による）。

眠ったまま放置されている空き家の中で、ボロボロなのは二三万戸ほどしかなく、そのうち倒壊の恐れがあるとして、自治体から対応を勧告される「特定空き家」という指定を受けているのは、わずか二万戸です。九〇パーセント以上は、まだ十分に使える家なのです。

全部、すぐにでも住めるきれいな空き家です！

無垢材が美しいリビングの物件

広々とした玄関ホールのある物件

すぐにお店を開けそうな物件

きれいな別荘や
洋館の空き家も
たくさん!

Q.3

空き家にかかる
税金は高い？　低い？
どっちでしょう？

A.3

低い（でも要注意!!）

土地の上に家が建っていれば、固定資産税は更地のときの六分の一に減額されています。

家が建ってさえいれば固定資産税が減額されるのだから、面倒な手間をかけて解体などの処分をして更地にするよりも、「とりあえずはそのまま放置しておこう」と多くの人が考えるわけです。このことが、長年にわたり空き家の利活用が進まない一因となっています。

ところが、二〇二三年一二月に施行される「空家特措法」改正で、そうした事情ががらりと変わることになりました。**このまま放置しておくと周辺住民に害を及ぼす、いわゆる「特定空家」となりそうな空き家を、自治体が「管理不全空家」と認定することが可能になり、固定資産税の減額がなくなるのです（詳しくは198ページ参照）。すると、更地と同じ扱いになり、現状の六倍に固定資産税が増えてしまいます。**

維持費が跳ね上がることを思えば、長年放置したままの空き家は、少しでも早く売るなどの意思決定待ったなしです。

固定資産税
6倍に！

Q.4

実家が空き家になるのに、もっとも多い理由やタイミングはいつでしょう？

A.4

両親が亡くなって相続するときです。

実家が空き家になるのは、両親が亡くなって子どもが家を相続するときです。

さらに、僕がこれまで空き家の所有者の方々から伺ってきた中には、**「両親が施設に入所した」「高齢の両親の介護のために同居する」「都市部から遠く不便な居住地から、病院やスーパーなどの近くの都心のマンションに転居する」といったケースも、実家が空き家になるタイミング**として多く見られました。

Q.5

この空き家は
いくらに
なるでしょう？

海の近くの築40年以上の物件

A.5

税制上の建物の価格は、築四〇年なら「〇円」です。(でも売り値は違う!?)

例えば、京都の古い街並み。すてきですよね。旅行で街歩きを楽しまれた方もいることでしょう。一〇〇〇年以上ものときをかけてつくり上げられた木造の建築物は、歴史の重みと優雅さを感じさせてくれます。

ところがです。

日本の税制上では、木造建築の価格は、三三年経つと〇円になってしまうんです。

なぜ、家の価格が下がってしまうのでしょうか。

日本では、建物の構造に基づいて耐用年数が定められ、その年数によって減価償却率が決められています。国税庁のホームページによると、木造住宅の耐用年数は二二年となっています。そのため、築四〇年の家はどれだけリフォームしていても、建物の価値としては〇円になってしまうのです。土地の価格は、そのエリアの路線価を基準に市場価格で設定されます。

戦後、都市の復興と経済成長をしていく中で、新しい家がどんどん建てられていきました。やがて家を建てることがステイタスであり、新築が素晴らしいという新築神話ができあがっていったのです。その流れの中で、建物は構造体によって耐用年数が決められており、国の税制上、減価償却で価値が下がっていくという仕組みができてしまったのです。

同時に、日本人のマインドに「築二〇年の家なんかボロい」という感覚が植え付けられてしまいました。まだ十分住めるきれいな状態の家ですら、価値がないと言われる。建物そのものに罪はなく、要するに、そういう仕組みになってしまったのです。

しかし、これはあくまで税制上の話。築二二年を超える物件は、売却時に必ず建物価格を〇円にしなければならない、ということではありません。

どの家にもストーリーや魅力があります。使われている建材のこだわり、立地や周辺環境のよさ、リフォームして住みやすくなったなど、その家の魅力を感じる人が複数いれば、当然、より高い金額を出した人が購入できます。

不動産は、最終的に一人のお客さまに買っていただければよいのです。だからこそ、物件の持つストーリーに税制上の価格以上の価値を感じてもらえるたった一人のお客さまと出会うことができれば、たとえ相場価格が一〇〇〇万円の物件だったとしても、一五〇〇万円になることがあるのです。僕たち空き家活用株式会社が情報発信している物件の中には、数億円で売りに出ている古民家もあります。

空き家といえば、安いもの。とくに先ほど説明した税制の前提でいえば、そうならざるを得ない。しかし、その土地や建物の固有の価値が価格に設定されることも少なくないのです。

Q.6

これから（二〇三三年）、空き家は総数何戸になるでしょうか？

①五〇〇万戸（少し減る）
②一〇〇〇万戸（ちょっと増える）
③二〇〇〇万戸（すごく増える）

A.6

③二〇〇〇万戸を超えると予想されています。

二〇二二年に野村総合研究所が予測したデータによると、二〇三八年の国内の空き家総数は、二三〇〇万戸を超える可能性が高いと見られています。今、何も対策しなければ、これから加速度的に増え続けていくというのです。

空き家が増え続ける理由としては、少子高齢化、核家族化が進んだことがあげられています。さらに僕は、**日本人の新築信仰がいまだ根強く、人口が減少しているにもかかわらず、新築物件の数が増え続けていることも大きく影響していると思います。果たして、**人が減り続ける社会の中で、新たに山を切り開いてまで新築物件を建てる必要があるのでしょうか。

さて、このクイズを通して空き家問題に一歩踏み入ってみたら、みなさんご自身の問題であるとお気づきになったことと思います。今こそ、社会全体を見直す時期に来ています。みなさん自身の問題として、発生する空き家をどのように活用していくのか、真剣に考える必要があるでしょう。

第二章

あなたを襲う「空き家二〇〇〇万問題」

改めまして、空き家問題はあなたの問題です

第一章のクイズで、徐々に「空き家が発生するメカニズム」がお分かりになってきたのではないでしょうか。

そして、改めて言います。これはあなたの身にも降りかかる問題なのです。

都心部で起きる、ボロボロのものでなくても空き家になる、相続の際に発生し、税金は建物ごと放置した方が六分の一となると――。あなたのご自宅、あなたの家族にも近い問題だと感じますよね。あなたも当時者になったら放置するかもしれません。

このみなさんに身近で、かつ国や自治体にとっても頭の痛い問題。そして未来に向けて、時間が進むにつれてより大きくなる問題に、さらに緊張感を持っていただくために、僕たちはこう呼び直したいと考えています。

「空き家二〇〇〇万問題」

少し前に、「老後二〇〇〇万円問題」という言葉が流行しました。ニュースでも多く取り上げられ、シニアの多くの方がわが事として考えたことと思います。同じように空き家問題も、近いうちに起こりうる問題としてわが事にしてほしいのです。この切迫した問題をなぜ「二〇〇〇万問題」と呼ぶのか、簡単に解説したいと思います。

空き家を放置すると、「出費が二〇〇〇万円」にも！

第一章のQ2で述べたように、九〇パーセント以上の家は、十分使える状態なのに空き家のままになっているのです。それはなぜでしょうか？

一番多く見られる理由は、手を付けるのが面倒だから。固定資産税や火災保険などの出費があったとしても、税金を払っていた方が気持ちの上では楽に感じるくらい、おっくうなのです。

あるいは、兄弟や親戚の間での意向がまとまらない。兄弟や親戚の揉め事になるくらいなら、放っておいた方がいい。そんな事情も見られます。

そして、そのこんがらがった糸をどうほぐしたらいいか分からない。どこから手を付けたらいいか分からない。

そうして持ち主が気持ちに踏ん切りをつけられず放置されている物件には、誰も住んでいなくても、毎年の固定資産税や火災保険、電気やガス、水道などの公共料金、庭木の剪定《せんてい》代などがかかってきます。自分が住んでいる家なら必要経費と思ってあまり気になりませんが、住んでいない家による出費は気が重いものです。

そして、一〇年も二〇年も空き家のままにしていたら、五〇〇万円、一〇〇〇万円といつの間にか出費が累積してしまうのです。さらに、人が住んでいない期間が長いほど家は傷《いた》んでしまいます。たとえ空き家の活用方法が見つかっても、遺品整理や残置物撤去などの片付け代やリフォーム代がかさんでしまいます。

片付けでは、ゴミの処分費用そのもの以上に作業の人件費が大きく、一〇〇万円単位でかかります。ちなみに片付け業者に頼むときには、見積もりにバラつきが出ることが多い業種なので、必ず数社に見積もりを出してもらって選ぶことをおすすめします。リフォーム代も家が傷んでいるほど、当然高額になります。結局、長年家を放置していたために、二〇〇〇万円くらいかかってしまった……ということになりかねないのです。

本当に？　と思うかもしれませんが、一〇年以上放置しているという相談はたくさん寄せられますし、二〇〇〇万円という値段もまったく珍しい話ではありません。

タレントの松本明子さんも、そうした空き家問題に直面したお一人です。二〇一八年に、香川県高松市にあるご実家を六〇〇万円で売却されました。松本さんは芸能活動が軌道に乗った二七歳のときに、両親を高松から東京に呼び寄せ、そのときから実家は空き家となっていました。そして二〇〇三年にお父様が亡くなり、松本さんが相続したときに、「空き家問題」が重くのしかかってきたのです。

お父様がこだわり抜いて宮大工さんに建ててもらった総檜《ひのき》造りの家、生まれ育った思い入れのある家を処分することにすぐには踏み切れませんでした。どうすればよいか悩んでいる間に、あっという間に二五年が経ちます。固定資産税を払い続け、リフォームを繰り返し、管理や片付けのために往復し、気づいたら空き家の管理にかけた費用は一八〇〇万円にまで増えてしまいました。そして、「空き家バンク」にたどり着き、最終的に希望額の六〇〇万円で買主が見つかったのです。この顛末《てんまつ》は、松本さんのご著書『実家じまい終わらせました！　大赤字を出した私が専門家とたどり着いた家とお墓のしまい方』に詳しく書かれています。

もっと早くから動いていればよかった、片付けだけでもコツコツ進めておけばよかった――。「実家じまい」の経験を振り返ったときに、多くの方がこう後悔されています。そうなってからでは、はっきり言って遅いのです、僕たちが「空き家二〇〇〇万問題」と警鐘《けいしょう》を鳴らしているのは、そのためです。

日本は将来、「二〇〇〇万戸」の空き家であふれる

今、老後を送っている「老後二〇〇〇万問題」の当事者であるシニアのみなさん。彼らが持っている不動産は、若い世代にとっての「実家」に当たるかもしれません。シニア世代がお亡くなりになったあと、これらの不動産がどんどん空き家になるという現象が起こります。子どもたちは都心などで家族を持ち、実家には戻らないからです。第一章のQ6にもあったとおり、二〇三八年には、国内の空き家総数は二三〇〇万戸になるという予測があります。

さて、日本の住宅事情に関する歴史と文化にも触れておかないと、空き家二〇〇〇万問題を身近に感じられないと思いますので、少々。

僕は現在四七歳で、両親（父は他界していますが）が三〇代前半のときに生まれました。その両親の世代は「団塊《だんかい》世代」と呼ばれ、僕たちがちょうど「団塊ジュニア」です。分かりやすく言うと、たくさん生まれた世代とその子どもたちで、とにかく人数が多い。これが戦後日本の経済発展の背景、労働力であり市場であったことは明らかです。団塊世代は年間二六〇万人が生まれた世代です。それに対して二〇二二年の出生数は八〇万人割れしていますから、その差は歴然です。

さて、その団塊世代の多くが、実家である地方から「就職列車」に乗って、都会に働きに出てきました。大学への進学で出てきた人もいるでしょう。その際に、地方（いわゆる田舎側）ではどういった現象が起きていたでしょうか。それは、その「家」の長男も含めた都会への人口流出です。

それ以前はどうだったかというと、「長子相続」といって、長男はその家——家系としての家も、住まいとしての家——も、そして仕事も家業を継いでいました。そんな文化やしきたりがあったのです。だから住まいが増えるとすれば、次男以降の「分家」と呼ばれる家ですね。長男が都心に行き、そこで職に就く。ここから生まれたのが「核家族化」という現象です。すると、地方ではその家業の後継者と、建物の後継者を失います。

都会に出た世代の多くが、今、老後を迎えています。そして彼らの子ども（団塊ジュニア）も家を持ち、親の世代が都会に出て建てた家には戻りません。

さて、お気づきのとおり、この状態でまず地方の実家が空き家になります。そして人口減少が訪れると、団塊世代の家、続いて団塊ジュニアの家も空き家になっていきます。史上まれに見る出生数が多かった世代の家を、減少する後世が埋めようとしても、とてもではないですが追いつきません。ましてや、いまだに日本では年間八〇万戸の新築住宅が建ち続けているのです。

二つの「二〇〇〇万」があなたの未来を襲う

空き家が一五年後には二三〇〇万戸になる――。この途轍《とてつ》もない数には、どうやら疑いの余地がないようです。その頃には、みなさん自身、あるいはみなさんの親類にも必ずと言っていいほど空き家所有者がいるでしょう。空き家にかける総額二〇〇〇万円を念出するため、家計が圧迫されているかもしれません。

二〇〇〇万戸というと、三軒に一軒が空き家、つまり隣か、隣の隣は空き家になります。するとどうでしょう。みなさん、購入を検討している住宅の隣が空き家だと分かったら、積極的に買いますか？　そうです。近隣が空き家というだけで自宅の資産価値が落ちてしまうのです。現在空き家にせずに住んでいる人も、ここで金銭的に損失が発生します。

自分が空き家を持つかもしれない。隣が空き家になったら資産価値も下がるし、イタチやハクビシンといった獣害などの被害も受ける。いずれにせよとても大きなお金を失うことになりかねません。こんな八方塞がりの未来。二つの「二〇〇〇万」があなたを襲う「空き家二〇〇〇万問題」は、すでに目の前に迫っているのです。

これは、どこか遠い国の紛争ではありません。確実にみなさんの、お財布の中身にも関係してくる問題なのです。

第三章

大丈夫、あなたを救う空き家対策基本のキ

今すぐ対処すれば、大丈夫

「では、どうしたらいいのでしょう?」という声が聞こえてきそうです。

今すぐ、実家を売りなさい。

これが答えです。少なくとも、実家を「売る」と仮に考えたときに出てくる課題を、少しずつでも今のうちに処理しておくことです。

現在、別居ではあるが、親も健在。自分たちは家族で自宅を購入・賃貸して幸せな日常を過ごしているみなさん。このタイミングだからこそ、空き家対策は効くのです。年老いた両親がいるなら、いずれ実家が空き家になる日に備えて、今からできることに取り組んでいきましょう。この本では、みなさんにこう提案していきたいと思っています。

なぜなら、実家が空き家になる前に準備ができていれば、実際に空き家になったときに悩まずにすむからです。誰も人が住んでいなくてもかかる費用(固定資産税、火災保

図１　空き家の問題の所在MAP

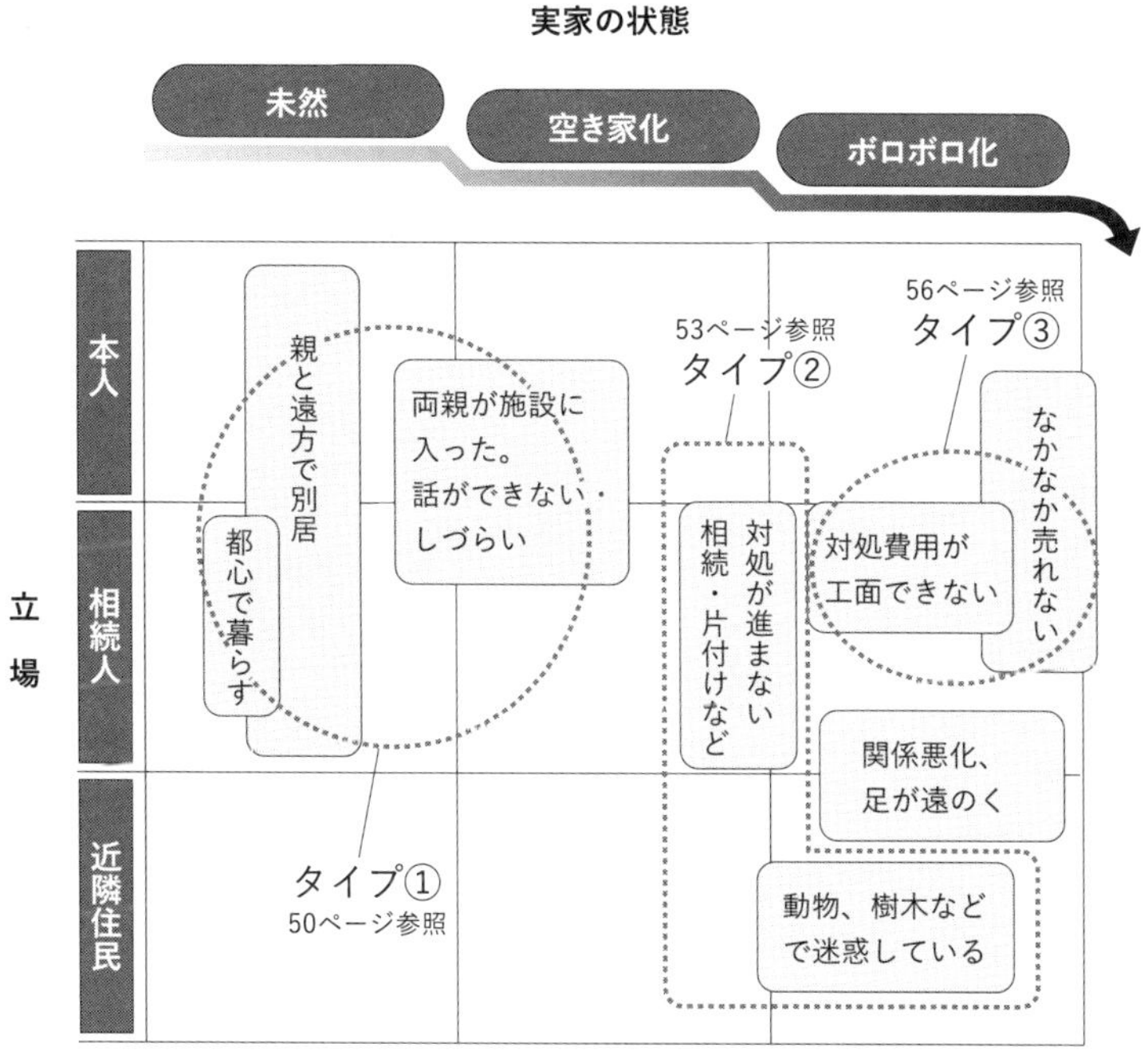
実家の状態
未然
空き家化
ボロボロ化
立場
本人
相続人
近隣住民
親と遠方で別居
都心で暮らす
両親が施設に入った。話ができない・しづらい
タイプ①
50ページ参照
53ページ参照
タイプ②
対処が進まない
相続・片付けなど
56ページ参照
タイプ③
なかなか売れない
対処費用が工面できない
関係悪化、足が遠のく
動物、樹木などで迷惑している

険などの保険類、電気、ガス、水道といった公共料金、庭木の剪定《せんてい》や掃除といった管理費）を、払わずにすむことができるのです。

ここからは、実家や空き家の状態と、読者のみなさんの立ち位置を対応させながら、僕が考える処方箋をお話ししていきたいと思います。図1をご参照ください。

タイプ①
特効薬は「家族の会話」

まずは図1の①の状況に当てはまるという方に実践していただきたいこと。実家を空き家にしないためにもっとも大切なのは、まずは両親からどうしてほしいかという意向を聞いておくことです。

ただ、ナイーブな内容ですから、話をするにあたって配慮が必要ですね。実家に帰省して、「ねえ、お父さんとお母さんが亡くなったら、この家はどうしたらいい？」といきなり切り出したら、「そんな話はするんじゃない！」と怒られてしまいそうです。

そこでおすすめなのが、思い出話をすることです。帰省したときにふとした会話の中に出てくる思い出話の機会を逃さず、親が実家の土地や家屋をどうしたいと考えているかを、さりげなく聞き出すのです。

とりわけ、子どものころの思い出話は盛り上がるもの。例えば、僕にも小学校時代の鉄板エピソードがあります。僕は小さいころ、暗いところが大嫌いでした。でも、子どもながらに弱いところを見せたくないと思っていたのか、二階の部屋に行くときには、まず妹に先に行かせて電灯をつけさせてから、おもむろに自分も階段を上っていたものです。僕の怖がりは家族にバレていて、みんな気づかないふりをしていたのです。この話をすると「そういうこともあったねー」と家族でいつも盛り上がり、笑いが起きます。

その笑いが起きたときが絶好のチャンス。

「あれから四〇年経ったよね。この家も建て替えするの？」とさりげなく聞くのです。すると親も、「自分たちが死んだら、この家は売っていいよ」「家の処分については遺書に書いておくけど、物が多いから少し処分しておこうかね」などと前向きに考えてくれるでしょう。

実家の扱いについて親と一度でも話ができていれば、片付けをするなどという次のステップに進みやすくなります。ゆくゆく家を売却する場合でも、相続後にためらうことなく動けますし、親族にも「本人の希望なので」と説明することができます。

両親を淋しい気持ちにさせず、楽しい思い出話とポジティブな雰囲気の中で、待ち受けている未来について話すこと。これが、タイプ①に当てはまる方への、実家の処遇についてのコツです。

ポイント　楽しい思い出話から、具体的な指示を聞き出すこと

ここでよくあるのは、「両親から『家を頼むぞ』と言われた」という話です。「頼むぞ」とは、売らずに守ることなのか、好きなようにしていいのか――。この解釈に悩み、もしくは想像をめぐらせ、長らくお金を払いながら保有していた人も多くいます。「頼むぞ」という抽象的な言葉ではなく、「売っていい」「処分しなさい」といった具体的な指示をもらうことを大切にしてください。

親が亡くなったときにすぐ実家を処分するのは気が重いものです。家族みんながゴールを頭に入れておくと、いざというときに迷わず意思決定ができます。実家を売るのか、貸すのか、それとも親族の誰かが受け継ぐのか。そのどれにするのかを、できるだけ両親の意思を聞き、イメージしておきましょう。

タイプ②
とにかく「片付け」が問題を前に進める

実家を相続して、空き家の所有者になった図1のタイプ②に当てはまるあなた。面倒な相続を終えただけでやり切った感がありますよね。

「やれやれ、やっと終わった。実家は空き家になったけど、まあしばらくこのまま置いといて、そのうちなんとかしよう」

と思っていませんか？「そのうち」って、いったいいつ対処するんですか？

このままずるずると数年が経ってしまう、というのはよくある話です。とくに遠方に実家があったりすると、よくても年に一度しか行けない、というのはみなさんも現実味があるのではないでしょうか。

ポイント　プロに頼んで、とにかく片付ける、きれいにする

両親がなくなって一周忌が終わったら、あるいは三回忌が過ぎたら手を付けよう。それまでは、遺品や家族の思い出の品もそのままにしておこう。そしていざ片付けようと実家へ行くと、アルバムを開いて何時間も見入ってしまう……。「これは必要、これは不必要」と仕分けているつもりが、どれも大切に思えて、とりあえず片付けをやめてしまう、なんていう展開もよくあります。自宅の引っ越しでも同じような経験をした方はたくさんいらっしゃるのではないでしょうか。僕たちに寄せられる相談も、片付いてないものや残置物が山盛りなケースがほとんどです。

実家の片付けを進めるときは、

①業者など他者の力を借りること

②八～九割は処分する覚悟を持つこと

の二点がポイントです。家族が片付けようとすると、思い出に浸ってしまってなかなか進まないもの。それが片付けのプロと一緒に手を付けはじめると、不思議なほどするする進むのです。さらには実家を売る／貸すといった決断も、胸のつかえが取れて、スムーズにできるものです。

プロへの相談費用はかかりますが、そのまま放置し続けた場合にかかる費用や、どんどん売却金額が下がっていくことを考えれば、圧倒的にお得です。ついでにご近所へかける迷惑も考慮して、庭の樹木なども処理しておけば、対処をしている期間中に近隣と関係が悪化したり、足が遠のいたりすることもなくなります。

国土交通省「令和元年空き家所有者実態調査」によると、空き家のままにしておく理由の一位は「物置として必要だから」で、次いで「解体費用をかけたくない」「更地にしても使い道がない」となっています。このほかに「住宅の質の低さ（古い・狭いなど）」「将来、自分や親族が使うかもしれない」「好きなときに利用や処分ができなくなる」といった理由も見られます。

ただ、「物置として必要」というのは、言い換えれば「家の中にある大量の物を片付けるのが面倒で、結果として物置になってしまっている」ということでしょう。確かに、何十年もの間に蓄積された思い出の品を整理し処分するのは、大変な労力を伴います。親が生きているうちに、しっかりコミュニケーションを取りながら、できるものから片付けていけるといいですね。

また、たくさんの物の中で、家族が実際に使える物はごくわずかです。引き出物でいただいたバスタオル、子どものころの学用品、食器類など……。これらの物は、もったいないと思わずに、思い切って処分してしまいましょう。今、使っていないのであれば、これからも絶対に使いません。手元に残すものは一〜二割に絞りましょう。

ポイント　対処完了までのリードタイムは、管理等で物件保全

せっかく片付けてきれいにした部屋でも、使われていないとどんどん傷み、長く放置している状態に戻ってしまいます。片付けが終わったものの、具体的な売る／貸すといった対処の完了までは時間がかかりそうな場合は、見回りや管理、通風などを代行してくれるサービスなどを利用します。月々かなり安い金額で実施できることも多いので、雨漏りや床が抜ける、湿気がたまって壁が剥がれるといった状態にならないよう、ぜひ定期的な管理を行うことをおすすめします。

タイプ③
不動産の対処方法の全体を理解して進める

空き家を所有し、そして片付けまで終わった。そんな人は49ページ図1の③のタイプに当てはまる方も多くいます。一日も早く対処しましょう。しかし、不動産会社に自分の物件の対処を依頼しようにも、どんな対応方法があるのかすら知らない方も多いことでしょう。まずは不動産取引の全体像を把握して、相談先の不動産会社から提案されるものが空き家について回る問題に対して網羅的なのか、それとも部分的なのかを整理することが大切です。足りない部分があれば、別の会社にも話を聞いてみます。その際に、聞くべきことも明確ですよね。

「他社では売ることを前提に話をされたのですが、貸したりはできないのでしょうか？」と。

空き家とはいえ、早期に対処できれば立派に売れる中古不動産です。これからお話しする方法で、手持ち資金の有無や、実家がある地域の市場も勘案しながら対処を検討してみましょう。網羅的に選択肢を出した上で、自分の望む方向で実現可能な手段を選択します。

まず、不動産の対処方法は、三つしかありません。

その一、売却する

その二、貸す
その三、自分が使うか、家族か親族の誰かが住む
このどれかです。

対処方法その一
空き家を売却する

一つ目の「売却」は、「この空き家が売りに出た」という情報をどう発信するかにかかっています。都会の物件であれば、人気も需要もありますから、売るとなったら従来の不動産会社の広告の方法ですぐに売れます。売る際には、選択肢が二つあります。

Ⓐ 不動産会社へ依頼する。 ごく一般的なかたちで、地元でも全国規模でも、自分の物件を販売してくれる不動産会社と「媒介契約（三種類あり、それぞれに制限がありま す）」を結び、物件を購入してくれるお客さまを見つけてもらいます。

Ⓑ買取業者へ売る。購入者を探すのではなく、自社で買い取ってくれる事業者です。その会社が物件を買い取り、リノベーションや建て直しをして販売します。

多くの場合で、Ⓐよりも Ⓑの方が手離れがよく、スピードも早いです。しかし、事業者がリスクをとって早期に買い取るため、「安く買われているのではないか？」という懸念はぬぐえません。Ⓐについては、売り出し価格などを不動産会社と相談しながら決めるので、建物を残したいといった希望を条件とすることはできますが、条件が多くなればなるほど、売りやすい物件を取り扱いたい不動産会社にとってみると、対応する優先度が下がるなどの注意点があります。ご自身の状況に合わせて選んでみてください。

対処方法その二
お金をかけて貸す、またはお金をかけずに貸す

二つ目の「賃貸」は、物件の所有は続けたまま、他人に使ってもらうことです。つまり、手離れはしません。賃貸も二つの方法に分かれます。Ⓐお金をかけて貸す、Ⓑお金

をかけずに貸す、の二つです。

Ⓐ**お金をかけて貸す**方法は、内装などをリフォームして人に貸し、大家になることです。自身で管理をし、事業を運営していくことになるので、不具合があったら修繕しなければならないなど、管理業務の負担が気になる方もいるようです。「売りたくないから、いったん貸す」という方法を希望される方も多いのですが、入居者が決まらなければ初期費用の回収に難儀したり、自身の手間も多くかかることもあります。

Ⓑ**お金をかけないで貸す**方法は、サブリースです。

空き家をそのままの姿でサブリース業者に貸し出して、さらにその業者から入居者に貸し出すという方法です。ある一定の期間を決めて貸し出し、設定された賃料が所有者さんに支払われます。入居者が決まらず空き室であっても賃料が払われ、管理業務はサブリース業者が行うため、手間はかかりません。その代わり、賃料は固定資産税くらいの金額にしかならないケースが多いです。

対処方法その三
別荘のようにセカンドハウスとして持つ

空き家の対処法の三つ目は、自分で使う、あるいは家族や親戚が住むという方法です。住む人が見つかれば、問題はありませんね。自分が使う場合は、デュアルライフ（二地域居住）の暮らし方ができそうです。現在住んでいる家が都会にあって、空き家が地方にあるなら、別荘のようにセカンドハウスとして使って、週末だけその家に行くというライフスタイルにするのです。持ち家は、なにも一軒に限らなくていいんです。コロナ禍で追い風になった暮らし方でもありますね。

これまでは、地方の人たちは都会に出たがっていました。ところが新型コロナウイルスが蔓延《まんえん》すると、人が密集する都会から離れたいと考える人が増えたのです。それに、子育ては都会ではなくて地方でやりたいと思っていた潜在層も実はたくさんいたのです。リモートワークが進んだことも大きい要因でした。

早い対処がすべてを癒す

空き家問題の本質の一つは、長らく放置することで、その間の費用が増え、のちの収益も減少させてしまうことにあります。それどころか、将来処理をする際にも、さらに出費が増えてしまう可能性も高い。

逆に考えると、今すぐにでも親と話すこと。これは〇円です。次に片付けをする、そして物件の状態がよいうちに不動産会社に相談すること。すべて早めの対応が、かかる費用を軽減し、よい条件で売れる／貸せる可能性を高めます。図2で詳しく説明しますが、当然、僕たちでいう「〇・五次対応」で早く手を付ければ、一次対応、二次対応でコストを少なく、高い価値でプラスの取引ができます。

繰り返しになりますが、これだけ合理的に誰もが納得する計算ができるのに、空き家のまま放置するのは、家族の心が決まらないためです。売却するのか、賃貸に出すのか、親族の誰かが使うのか……。家が古いからどうせ売れない、と決めつけている人もいます。しかし、その結果、空き家が市場に出回らず、空き家を使いたい人たちがいるにも

図2　対処のタイミング別 コストの見立て表

	0.5次対応		1次対応	2次対応	
	未然		事前対応	不動産対処	差し引き
	家族の意思決定	管理	相談・片付け	売買・賃貸	
タイプ①	◎ 発生後即時	必要ない	家族で処理　**0円** プロで処理 −	程度よく販売へ ＋	＋
タイプ②	△ 短期間	管理する −	長く放置で整理つかず プロで処理 −	修繕必要 − ほどよい価格	＋＜−
タイプ③	× 長期化	管理する − 管理してないためボロボロ	プロで大規模な処理 − 片付けなかったためゴミ屋敷	残置物撤去 − 解体 − 程度が悪く売れづらい	−

- なるべく早い対応が、差し引きプラスの収支を生む可能性が高い。
- 物件そのものの路線価が低くても、かけているコストのマイナスが小さければ、プラスもしくは手出しがない状態をつくれる。

かかわらず、欲しい人のところに情報も物件も行き渡らないという状況になっているのです。

そうです。空き家問題の本質は、「人の心の問題」です。「誰に相談したらいいのか分からない」「面倒くさい」ために、せっかくきれいな家なのに、何年も、ときには一〇年も二〇年も放置している家すらあります。所有者さんが空き家をどうしたいかという意思が定まらずに放置しているために、「世の中に空き家が出てこないのが問題」なのです。

空き家はたくさんあり、買いたい人もいっぱいいる。それなのに、所有者さんが手放す動きをしないために、売る物件がないといういびつな現象が起きているのです。その現状を変えるためにも、僕は「そのまま何年も放置しておくのだったら、誰かに使ってもらいましょう」と、所有者さんの背中を一押ししたいのです。

人が住むことで、家の物語は続いていきます。雨戸を閉めたままの家が点々とある状態は、街の物語を分断させてしまいます。街を悲劇的な状態にしないためにも、空き家はそのままにせず、次に住む誰かにつないでいきましょう。

第四章

大丈夫、あなたの実家は今だからこそ売れる

今が、空き家所有者や地方都市にとって追い風

第三章では、空き家への対処法について基本をお話ししました。早い対処であれば、スムーズに前に進んでいきます。当たり前のようで、なかなかできないこの対処を、ぜひ心がけてください。

しかし、「そんなに都合よく売れたり貸したりできるのは、都市部などの不動産の価値がそもそも高いエリアに限った話では?」と疑問を持った方もいると思います。いえいえ、都市部だけではありません。このあとにも述べていきますが、とくに今は、地方や築古《ちくふる》の物件にも大きな可能性があるという追い風が吹いているのです!

コロナ禍を経ての働き方の変化や価値観の変容、サステナブルといわれる古いものを大切にする流れを受け、国の施策にも、地方創生というキーワードが目立ちます。こういった世の中の潮目の変化によって起こっている事例をいくつか解説しましょう。人に役立つ空き家の活用方法によって、うまくいっているところがたくさんあるのです。

古い家を再生することで、街ににぎわいが戻ってきた

おしゃれな街「がもよん」再生プロジェクト

昔から、「一人踊って、二人踊って三人目が踊ったら、みんなが集まって踊り出す」と言われます。大阪の蒲生《がもう》四丁目がそんな街になっているのを、ご存知でしょうか。

大阪市城東区の蒲生四丁目は、もともと大正時代から残る米蔵や、戦前から残る長屋や古民家が建っているエリアでした。建物が老朽化して廃《すた》れていた街を、一人の設計士さんが、まず長屋の一軒をおしゃれに改装したのです。そして、二軒、三軒……と増やしていったところ、おしゃれな人が集まってきました。レストランやカフェ、味わいのある居酒屋となって、古い家や長屋が再生したのです。

今や、「がもよん」といったらおしゃれな街の代名詞。たった一人から始まった活動は、「がもよんにぎわいプロジェクト」となり、長屋や古民家を人が行き交う街として生き返らせました。行政や街の人が、まちづくりに取り組んだのです。

古い家でも、こういった可能性があるのです。そのことに気づいて、こうした意志を持った人はもちろん、所有者さんも、行政も、えいやっと始めることが必要なんですね。

古い家を蘇らせるのは「民衆の力」

古い家を蘇らせるのに必要なのは、「民衆の力」だと僕は思っています。地方に行くと、シャッター商店街があちこちに見られます。でも、そのシャッター通りに何か魅力的な場所をつくれば、それを好きな人たちが集まってきます。

例えば、富山県の滑川《なめりかわ》市に、昔は北前船がさかんにやってきて栄えていた場所があります。そこが廃れてしまったあとで、地元の酒蔵の方が「この通りを復活させる」と言って、自腹を切って一部の建物を購入して改装し、アーティストを招いて活動させるという取り組みをしました。昔でいえば芸術家のパトロンのようなことをされたんですね。

すると、そのアーティストを好きな人たちが集まるようになりました。集まってくるお客さまのためにおしゃれなカフェもできました。人々が集まり出したのです。

これからは、いかに好きな人たちが好きな環境で一緒にいられる場所になるかというのが、新しいまちづくりだろうと思います。僕も市長や町長の方たちと話すときには、「街として何をするのか、という個性を尖らせるのが一番大切だと思いますよ」と、お伝えしています。「古民家で生きていく」「セカンドハウスを持ち、デュアルライフができる街」など、独自の魅力をアピールすることで、その街の空き家は息を吹き返します。

サードプレイスとして楽しむ

地方によっては、不動産屋がないところもあります。そんなときは、行政に相談した方が情報を集められます。僕の方から行政にお声がけをした例をご紹介しましょう。お笑いコンビ、シャンプーハットてつじさんがその人です。

「この人、この街に家を持つと面白いんじゃないかな？」

と思い、行政に話をしました。

てつじさんは、日本酒を造る活動をしていました。旨い日本酒ができたら、飲み会ですよね。そこで僕は、

「てつじさん、一から日本酒を造っているなら、できあがったお酒をみんなで飲む場所を一緒につくりませんか？」

とお誘いしたのです。てつじさんも、家でも職場でもない三つ目の場所、サードプレイスをつくろう！　と共感。みんながそれぞれの持ち味を活かせる場所づくりが動き始めたのです。

てつじ亭

あとで聞いたら、サードプレイスとしてお酒を楽しむけれど、そこを拠点にみんなが集まって、それぞれのスキルを発揮できる場所をつくりたかったということでした。だから、その場所に「住む気はない」ということが、はっきりされていました。

そこで、まずてつじさんが希望するA市の空き家物件を見て回りました。その地域には不動産屋はあったのですが、行政に相談して八軒ほど紹介してもらったのです。ちょうどA市が「移住促進のまち」だったことで、話がスムーズに進みました。

空き家は「夢を叶える場所」

物件を回って八軒目、前の日に情報が出たばかりという家を見たときに、「これ！」と即決でした。それは緑に囲まれ、一階には広い座敷があり、二階には小さな部屋がある、バッチリ南向きの味わいのある古民家でした。

「将来こういうことをしたい」
「友だちやお客さんの車をとめられるスペースはあるか」
「周りに協力してくれる人はいるか」

といった、家の使い道から逆算して物件を探すのも大事なことです。

家はてつじさんが自費で購入され、リフォーム代はてつじさんがクラウドファンディング（FANY Crowdfunding）で集めました。

「家はてつじが買いました。場所はある。だからあとは、使う人たちがお金を出し合ってください ね」

と呼びかけたのです。その集まったお金でキッチンなどを整えて、いろいろな人が使いやすいようにリフォームしました。

生まれ変わった家を公開すると、ヨガ教室に使われたり、将棋大会が開かれたり。家の中には、ソファに座り込んでおしゃべりしている人たちもいます。中でも異色だったのは、オペラのコンサートが開かれたこと。ご近所さんたちが手伝って、すてきなイベントスペースにつくり上げてしまったんです。人の出入りがたくさんある家は、生き生きと輝いていました。

この場所づくりが、てつじさんの思ったようになっていっている。そしてさらに、てつじさんがいなくても、どんどん勝手に面白くなっている。「使い方しだいで、どんな物件も宝物になるんだな」と改めて心に沁《し》みました。

てつじさんいわく、「空き家は夢を叶える場所、なんです」。僕も強く共感しました。

家は、一人一軒ではなくて、何軒持っていてもいい。夢も一つの夢だけでなく、いっぱいあったらいいんだと感じます。てつじさんの著書『プロセスマニア』には、そんな夢を叶えるプロセスが楽しく紹介されています。

僕は、こうしたサードプレイスのような方向が、問題解決の一つの道になると思っています。

このように空き家や地域性を生かしたまちづくりというのは、物件の当事者や不動産会社という既存の関係者だけではできません。さまざまな人が、これまでの進め方や考え方にはなかった形で、まったく新しい用途や空間を提案することが大切なのです。

「がもよん」や滑川市、てつじさんのようなケースが特別ではなく、僕たちが知るだけでも、紹介しきれないほどの事例が全国にあります。もちろん成功しているケースだけではありません。しかし、空き家の所有者さんからすれば、基本的な対処に加えて、さまざまな可能性があることを知るだけで、これまでよりも何倍も心強いことと思います。

このような新しい取り組みも含めて自分の実家への対処を検討すれば、これまでの悲観的な状況が一転、「今だからこそ売れる！」と思ってもらえるのではないでしょうか。

「ええやん！　空き家やんちゃんねんる」に動画を上げた空き家物件で、印象に残ったものをいくつかコラムでご紹介します。

【コラム　家ものがたり①】

半島をまるごと釣り好き社員のための保養所に――SNS発信で遠方から購入へ

ドローンがぐうっと高度を上げ、空《くう》を切るように飛んでいきます。ドローンが映し出す画像の中に見えるのは、青く広がる海に突き出ている緑深い半島です。高知県のT町の半島にあるのは、なんと一軒の空き家だけ。半島の中にあるゲストハウスが、島ごと売りに出されていたのでした。圧巻の映像、なんという豪快な物件でしょう。

工場を経営していた地主さんは、ゲストハウスをティールームにし、遊びに来たお客さんたちがテニスや登山で楽しめる場所にしていました。地主さんが亡くなり、あとを継いだ所有者さんも歳《とし》を取り、ゲストハウスは十数年も空き家になっていました。

ドローンで撮影した映像をYouTube「ええやん！　空き家やんちゃんねる」で公開したところ、四〇日間で六五万回もの視聴があったのです。問い合わせも二〇〇件もあり、内覧会も盛況でした。ただ、ゲストハウスはかなり老朽化していて、修理代もかさみそうです。そんな中で買い手が現れるのでしょうか。

手を挙げてくれたのは、関西の会社でした。釣り好きの社員が多い会社なので、釣りを兼ねた保養所として使いたいとのことでした。

「うちの社員たちは大喜びしてますよ」

と、社長さん。ＹｏｕＴｕｂｅに公開したのち、半年で売買が決まり、ただ今リフォームをしているところです。

高知県の海の幸はさぞ豊かなことでしょう。社員の方たちの楽しそうな笑顔が目に浮かびます。

まさかの半島付き。右の方に小さく見えるのが物件

2階はオーシャンビューが広がるガラス張りの広々ワンフロア

［鼎談］

売主の想いを、買主が引き継いでいく

～山付き古民家を、子どもたちが自然を楽しめる家に

売主 Hさん×買主 Oさん×和田貴充

これまで空き家の売買のさまざまなかたちを見てきました。ここで気になるのは「売り主と買い主はどう思っているのか？」ということ。そこで、実際に空き家の売買が成立した方々に「売主と買主のリアル」を語り合っていただきました。

〈物件：所在地／山口県Y市　物件内容／母屋《おもや》（実家）、ログハウス風離れ（娘夫婦と孫）、作業場、軽トラック一台、山二箇所　二〇二〇年一一月から空き家となり、二〇二二年三月に売買成立〉

空き家を売りに出した理由

和田　駅から車に乗って現地に向かうと、どんどん山奥に入っていくんです。たどり着いた空き家は、まさに隠れ里。こんな辺鄙《へんぴ》なところにある家が売れるんだろうか、と一抹の不安が胸をよぎったのを覚えています。
でも、車から降りてあたりを眺めると、山には温泉が湧き、澄み切った美しい川が流れています。道の駅が旅情を誘います。とってもすてきな場所でした。空き家になっている母屋は古き良き昭和の雰囲気を持ち、離れはログハウス風で楽しい。裏には山仕事で材木を加工できる作業場があって、軽トラックがあります。さらに山が付くという豪華さ。Hさんは、ログハウスにお住まいだったご主人ですね。この家をどんな経緯で売りに出されたのですか？

Hさん　売る理由は、大きく三つありました。一つ目は、娘が一人っ子で、私たち夫婦が死んだあと、この家を残されても困るだろうということ。二つ目は、私の実家に母が一人住まいをしていたのですが、認知症も少し始まっていたので、一緒に住んだ方がいいかな、と思ったこと。三つ目は、自分たちの老後のことを考えると、そこにずっと住み続けているのは少し不安だったことです。

和田　義理のご両親はどのようなご様子でしたか。

Hさん　義母が亡くなり、義父が母屋に一人で暮らしていました。やがて娘が高校を卒業して東京の大学に進み、義父も亡くなりましたので、私たちは老後のことを考えてS市に引っ越したのです。

和田　売りに出された方法は？

Hさん　まずY市の空き家バンクに登録して数カ月間様子を見ましたが、反応がありませんでした。そこで、地元の不動産業者から民間の買取会社まで一〇社くらいに電話などで連絡を取りました。その中の一つが、空き家活用株式会社さんだったんです。

和田　不動産業者の反応はいかがでしたか？

Hさん　地元の不動産業者のほとんどから、買取対象外地域だと言われました。

和田　エリア的に無理ということですね？

Hさん　そうです。「値段がつかないから」という言い方なんですよ。

和田　ここが重要なんですが、不動産業者は基本的にエリアビジネスで、買主をエリア外で探すことが得意ではないから、遠方にいて「そこに住みたい」というお客さんは拾えないんです。その価値観からすると、近くの住人で「あの空き家に住みたい」という人が現れる確率が非常に少ないので、「ムリです」という答えになるのだと思います。

Hさん　問い合わせたあと、空き家活用の担当者さんから電話があり、「ＹｏｕＴｕｂｅで物件情報を発信してみませんか」とお話をいただいたんです。

和田　Hさんからいろいろお話を伺って、課題はやはり情報発信だなと感じました。エリアの中でしか公開されずに情報が広く発信されないと、結局その中で止まってしまうのです。そこで、僕たちが運営する「ええやん！　空き家やんちゃんねる」で、動画で情報発信したらどうかとご提案させていただきました。

ちょうどドローンを購入したばかりで、母屋や離れ、倉庫や山などを俯瞰《ふかん》で映像化することができて、インパクトのある映像になりました。それで、二〇二一年の正月明けに動画を公開したんです。

Hさん 反応はすごくありましたね。こんなに見てくれているんだ、とびっくりしました。新潟を皮切りに全国から問い合わせがあり、海外にいるアメリカ在住の日本人からもアクセスがありました。

和田 アメリカ在住の方は、日本に帰国したときの住み家にしたいとご希望でした。ただ、アメリカにいて現地を見られないので「お金だけ払うから買いたい」と言うんです。後のちトラブルになるといけないので、丁重にお断りしたんですよね。

Hさん 問い合わせをくれたうちの一人が、Oさんだったのです。

購入の動機は、コメント付き動画のインパクト

和田 Oさんは、仙台でイベント関連の会社を経営されています。問い合わせをいただいて、購入の意思があると伺ったときに、僕は「ほんまに買うの?」と何回も聞いたんですよね。空き家を見てどう思われたのですか?

Oさん すごくでっかい古民家があるなぁ、という印象でした。僕はそもそも古民家にとても興味を持っていたんです。将来は田舎でのんびり暮らしたい、という願望があって。仕事で、都会から田舎に移住する人のお手伝いをさせてもらっていて、実

外観は古民家感覚の趣

離れには倉庫と軽トラ付き

吹き抜けの窓から光が差し込む

離れのアイランドキッチン

際に移住された方たちの声を聞いているうちに、「移住って面白そうだな」と思うようになったのもきっかけの一つでしたね。

和田　なるほど、ミイラ取りがミイラになったのですね。

Oさん　そうです（笑）。「ええやん！　空き家やんちゃんねる」を見たら、古民家が一軒、それに離れがあって、さらに軽トラックが一台と、山が二つ付いている。動画からは「すごい！　面白い！」と叫ぶ和田さんの感激が伝わってきました。確かにこれほど面白い物件はありません。ただ、実際に見てみなければいけない。それで、二月に現地に飛んだんです。

和田　所有者のHさん自ら「僕が行きますよ」と言って、内覧の説明をしてくれました。ここが大事なところで、普通は不動産の取引には不動産業者が入って、売主と買主は最後まで会わないことが多いんです。購入は早い者勝ちで、「この人に売りたい」といった売主の思い入れなどは入らないように、スムーズに取引をしていくというのが不動産業者の仕事だからです。

でも、僕たち空き家活用株式会社では、誰に買ってもらうかというのがとても重要だと思っているので、できるだけ売主と買主に会ってもらうようにしているんです。Hさんの場合も、買ってくれるなら誰でもいいというわけではありませんでしたよね。

Hさん はい。今ではお年寄りばかりですが、昔は商店街もすごく栄えていたんです。だから、普通のご家族に買っていただくよりは、地域を盛り上げてくれるような方が買ってくれるといいなぁ、と漠然と思っていました。

購入の決め手は「これからの可能性がある家」

和田 Oさんは、何が決め手となって購入されたのですか。

Oさん 直接山口に行って物件を見て、「山があって川がきれいだな」と感じました。そして、Hさんに何回かお会いして、地元の情報や家への真摯《しんし》な想いを伺っているうちに、「僕もここで何かやりたいな」という思いがどんどん湧いてきたんです。コロナ禍で自分の仕事への考え方が変わったのもあり、これまで培ってきたイベントのノウハウを生かして、地方で何かできないかなと。

和田 購入前に三回、現地でご覧になっていますよね。

Oさん そうです。それまで山口には、まったく行ったことがなかったんです。三回目には、山の使い道を知りたくて「山を見に行きたいです」とお伝えしました。

Hさん　みんなで長靴を履いて山を見に行きましたね。

和田　「これから何ができるだろう」と売主と買主が話をしていくというのが、僕たちが理想としているかたちです。これができたことで、空き家の価値がすごく上がったと思っています。まさにベストマッチングでした。

山や川を楽しむ親子連れが泊まれる施設に

和田　契約を交わすときには地元の不動産業者に入ってもらい、二〇二一年三月に引き渡されました。これからどんな使い方をしていこうとされていますか。

Oさん　まず地元を知らなければならないと思いました。Hさんが「地元の人との交流を広げるのであれば、協力します」と、あたたかい心遣いでおっしゃってくださって。そこで、「地元の課題を解決するようなものを作ろう」と思い、一年ほどかけて山口に通いながら、地元の方やご近所の方々と話したり、コミュニティに参加したりしているうちに、宿泊もできて地域の方々のお役に立てるようなものを作りたいと思うようになりました。今はリフォームの最中です。工務店もHさんが紹介してくださったんですよ。

Hさん　古民家のリフォームの実績がある、地元の工務店ですね。

Oさん　山があって、ホタルが見られて、きれいな川で川下りを楽しむ……。そんな人たちが泊まりに来てくれるといいなと思っています。また、地元には徳地和紙というすてきな和紙があるので、その和紙を作っている方と相談しながら、内装材や照明のシェード、コースターなどの小道具に使っていきたいとも考えています。少しずつ、楽しみながら一緒に家をつくっているイメージですね。

和田　地方に移住したものの、トラブルになって撤退するというケースは意外に多いんです。よそ者が来て何かを勝手に始めたら、だいたい摩擦を起こします。でも、以前住んでいた方が次に来た人を応援するというバトンタッチがあれば、地域に溶け込みやすいので揉め事にならないですよね。そうして新しい人を一度受け入れると、地域の方はすごく親身になってくれるんです。

実家がどう変わるかワクワクしている

和田　売買を終えてからの、今のお気持ちをお聞かせください。

Hさん　思い描いていた通りに進んでいて、僕はワクワクしているんです。自分が住んでいた家がどんなふうに変わっていくのか、どんなふうに地域が活性化していくのかなぁ、と。満足度二〇〇パーセント、ほんとうに感謝です。

Oさん　完成したらぜひ泊まってください。ご招待しますから。

Hさん　そうですね。できあがったら、ご近所さんたちを集めて内覧会をしたいですね。

Oさん　僕は山口に縁もゆかりもなかったんですが、この空き家との出合いは、自分の世界観がすごく変わった一瞬でした。「実家を再生させるって面白いな」というのが今の僕のキーワードです。廃墟になると、誰も寄り付かなくなってしまう。そうなる前に、Hさんたちの想いの詰まった実家を民間が引き継いで何か新しい施設に生まれ変わらせることができれば、ご両親の想いも活かせるし、Hさんたちも帰ってこられる。Hさんたちに出会って、今、そんなことを思っています。

和田　「実家活用」ですね。連携しましょう（笑）。

第五章

それでも、
あなたは放置する。
本当の解決策

基本的な対処方法が分かっていても、今が追い風でも、放置する理由

ここまで、「実家が空き家になっても大丈夫！」というお話をしてきました。実際に、ご紹介してきたやり方や時流をとらえれば、売れる／貸せる可能性はかなり高いはずです。僕たちがアドバイスをしてきたケースでも、早期にご相談いただき、対処した方は、いいかたちで実家を手放されています。

とはいえ、それで大丈夫なら、こんな状況になるまで日本の空き家は増えていないですよね。重い腰が上がらないのは心が決まらないからで、合理的な説明をするとかえって頑《かたく》なになってしまうこともあります。そんな所有者さんにも、数多く接してきました。

そして僕たちは、このように重い腰が上がらない理由、それでもあなたが放置する理由を発見しました。それは、

住まいを終わらせる際の、パートナーとなる事業者がいない。

ということです。決断ができない所有者さんご本人の問題ではないのです。そういった心持ちや状況になったときに、今の市場や事業者には、適切な相談相手や問題解消役がすっぽりと抜けているのです。

所有者さんはおそらく人生で初めて、自分の愛着のある住まいを相続したり、処分したりしなければならない状況に直面しています。その際に、何が問題なのか、どんな手続きや対処があるのか、それは誰に相談し、対処への依頼をすればいいのか、前提となる知識がまったくありません。まして、放置状態が続いてネガティブな感情になっていたり、ご近所からクレームを受けて決断を急《せ》かされていたりすると、冷静にじっくり検討できません。こんな状況のときに相談するべき、正しい答えを知っていそうな人は誰なのか、思いつくでしょうか。

第二章でお話ししたように、空き家問題、つまり実家を継ぐ人がいないという問題は、今まさに人類初と言ってもいいタイミングで起こった問題です。これまでの文化や風習では対応できない。誰にも答えがなく、市場がまだないため事業者も存在していない、もしくは見つからない。となると、所有者さんは途方に暮れてしまうわけです。

この新しい問題に対して、適切に対処する事業者は誰か、何をすべきなのか。それは解のない状況に置かれたみなさんへの一次窓口となり、包括的に相談に乗り整理整頓をしてくれる立場だと僕は気づきました。

もちろん不動産業者は対処してくれます。しかしなんだか怖いイメージを持つ人が多かったり、何も決めていない段階では、相談するには時期尚早な方がほとんどなのです。


僕たちは空き家問題を「医療問題」と同じ構図で考えています。そこで、医療現場にたとえて空き家問題を考えてみましょう。

すでに疾病にかかっている患者さんの対処方法は、各科で適切なかたちで存在します。またまだ健康な方、もしくは未病状態の方も、今後病気になると診断された病名によって対処方法は決まります。どの状態でもその対処先は、患者が自ら選びませんよね。「なんだかお腹が痛い」「とにかく高熱がある」といった症状に対応する病名を診断してくれるかかりつけの医師が必要であり、定期的な健康診断が、数値によって行くべき病院を示してくれます。患者が問診も受けずに、いきなり手術室の扉を開けることはありません。

空き家問題を考えるときに僕たちが足りないと考えるのは、この病名を診断してくれる医師であり健康診断、そして対処方法の決定なのです。すでに疾病にかかっている人は、所有する物件が空き家になっている人です。今空き家で悩んでいる所有者さんは、自分の病名も分からないのに、対処する具体的な専門医の門を叩けと言われているようなものなのです。

あなたの問題を整理し、背中を押してくれるパートナーと

ここまで述べてきたような役割を担ってくれるパートナーがいれば、まずは洗いざらい現状を話し、希望やわがままも吐露すれば、整理整頓をして道筋を示してくれるはずです。これからみなさんが実家や空き家への対応を希望する場合、最初から具体的な対処についての提案を依頼するのではなく、

「自分の場合は何が問題で、何から手をつけるべきか。網羅的に検討すると、どんな可能性があるのか」

といった問いに答えてくれる方を選んでみてください。心の重しや不安が取れて、前

に進められるはずです。

できればその後の事業者の選定や、交渉の間にも入ってくれ、そして途中で息切れがしてまた放置しそうになったら、ときにはあなたの背中を強く押してくれる存在がいいでしょう。地元の行政から依頼を受けたＮＰＯなどの、コンシェルジュまたはアドバイザー的な立ち位置の事業者は、少しずつ全国に生まれています。ぜひ探してみてください。

そして僕たちも、こういったアドバイザー的なサービスを「アキカツカウンター」と称して、二〇二二年から開始しています。「それでも放置する」を防ぐために、当社のサービスで大切にしていることを題材にして、僕たちがご相談に乗って解決に至った事例をご紹介します。

空き家専門のアドバイザーが終始伴走

図3をご覧ください。まず、所有者さんから問い合わせがあったら、僕たち空き家活

図3　足りなかった仕組み

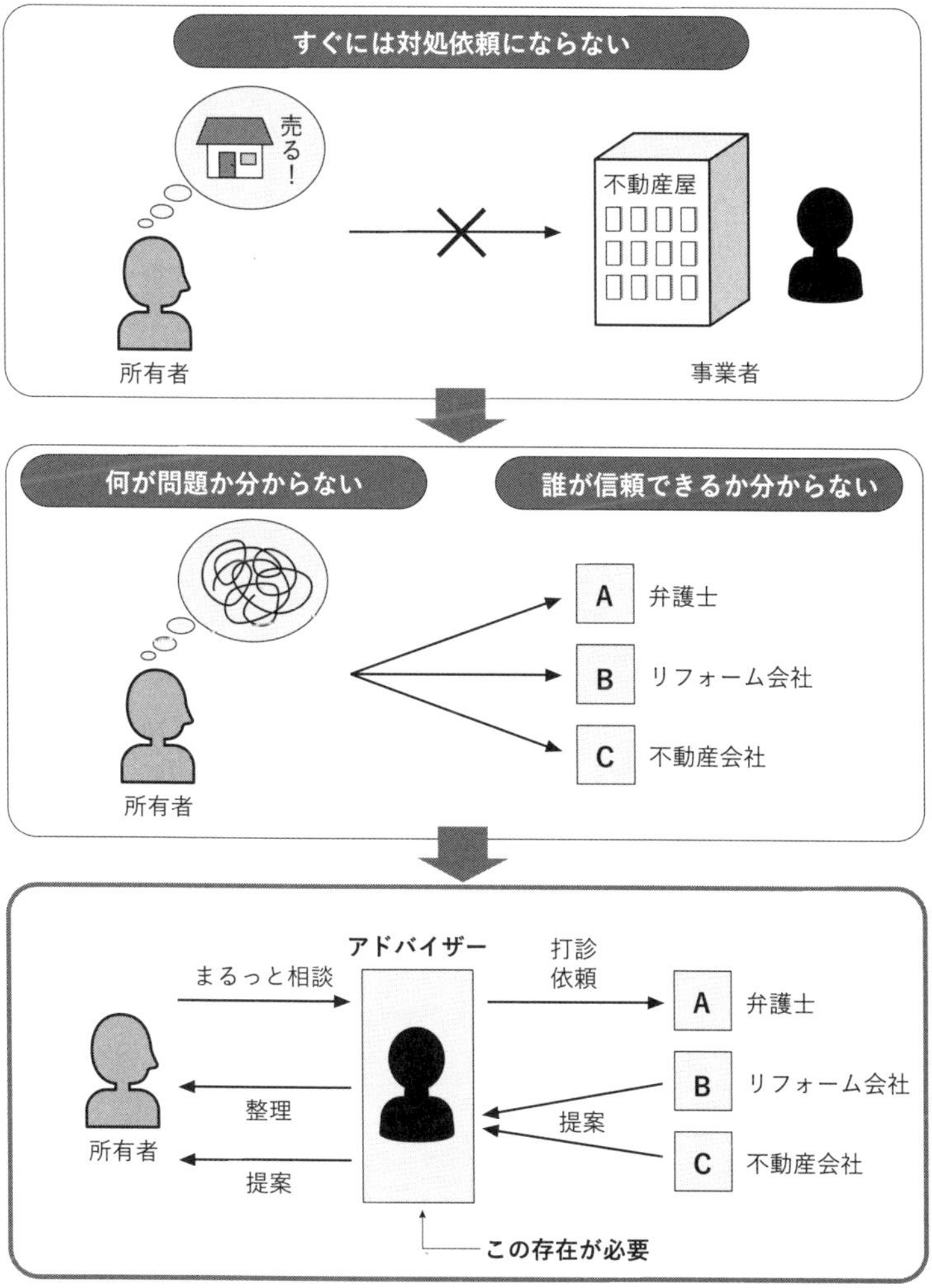

用株式会社の窓口にいる「アドバイザー」が、初期の相談から最後の事業者紹介まで伴走します。最初は、まず課題を可視化することから始めます。

荷物が残っているから片付けたい。

隣地との境界確定ができていないので、登記手続きが必要だ。

このような課題を一つずつ見えるようにして、どの順番で解決していくかを所有者さんと一緒に考えていきます。ここまでで大切なのは、所有者さんの気持ちにいかに寄り添うかなんですね。

片付けをご希望なら、片付け業者を紹介します。相続登記が必要であれば、司法書士にお引き合わせします。売却したいというのであれば、事前に登録している不動産業者に相談物件を紹介し、引き受けたいと手を挙げて提案してもらった不動産業者の中から、所有者さんに選んでもらいます。そんなふうに、一つずつ課題を解決していくのです。

こういった一連の流れで、僕たちが大切にしていることを、

①そのまま聞く、そのまま残す

②背中を押してあげる

③社会とともにある
④当たり前化していく

こんなキーワードで抜き出してご説明していきましょう。

①そのまま聞く、そのまま残す
所有者の思い入れを聞くコーチング

実家を一〇年放置していた所有者さんが、相談に訪れました。仮にAさんとしましょう。重い腰を上げて一歩踏み出してもなお、まだ内心モヤモヤしているようでした。すべてを打ち明けていただいていないような対話が、相談初期は続くのです。言葉にはできなくても、所有者さんが前に進めない理由が、絶対にあるはずです。親を失い、相続したばかりの所有者さんや、高齢で先祖代々のご自宅の処理に悩む所有者さんは、自分が何にこだわりを持っているのかが分からないことも多いのです。

もし僕たちに相談してくれたら、どこにどんな思い入れがあるのかを、寄り添って、相手の中にある答えを探していく、いわゆるコーチングするようにお話を伺います。ご自宅への愛着や思い出もお話しいただいたりします。

僕は、自分自身は壁打ちの壁でいいと思っているんです。僕に向かって、持ち家のことを好きに話してもらって、僕は、

「なるほど、そうなんですね」

と、ひたすら相槌《あいづち》を打つ。どんどん話してもらえるように背中を押すことが、迷っている人に僕たちがしてあげられることなんです。急かすことはしません。じっと耳を傾けていると、そのうちに所有者さんの心も整理されてくるんです。

「ああ、私、やっぱり家の姿を保って誰かに貸したいのね」

などという思いが出てきたら、そっと寄り添えばいいのです。そこまでくれば、答えが見えてきます。その家にこだわりがあって、思いが残っているのであれば、その方の思いに沿うような方法を提案してあげるのです。

「家をきれいにリフォームすれば、貸せますよ」

「民泊でお客さんを泊めたら面白いですよ」

などとご提案できます。

ポイント　そのまま、ありのままを聞き切る

空き家を持っている人は、まず誰かと話しましょう。話をすることが大切なのです。

そうすると、何が所有者さんにとって納得できるポイントなのかが、少しずつあぶり出されてきます。気持ちを聞いて、「これだけは残したいけれど、ほかは諦めてもいい」などと整理できるようお手伝いをします。何かをおすすめしたり、答えを促したりはしません。

大切なのは、「所有者さんの納得感」なのです。

「これが自分で選んだ解決の道だ。これでよかったんだ」と、思える気持ちが大切なのです。

その後、先ほどのAさんは、実家を賃貸に出したいと希望されました。

ここで大切だったのは、なぜ一〇年も空き家のままにしておいたかということです。Aさんは、心の奥底では、できれば実家を残しておきたいと思われていたのです。自分は住めないけれど、可能ならば誰かに使ってもらいたい。「実家がそのままの姿で残っていること」が重要だったのです。

ポイント　そのまま、残せるかの可能性に向き合う

不動産業者に直接相談すると、営業や商売のうまさで、彼らの思惑に乗ってしまう所有者さんも多く存在します。もちろん、それで納得されていればまったく問題ありません。親身で信頼できる不動産事業者もたくさんいます。しかし、彼らの事業モデルを考えると、いかに安く仕入れて高く売るか、というのが経済の原理です。これは良し悪しではなく、経営をする上での「さだめ」です。

となると、すでに税制上価値のない古家を残して、工夫をこらして難しいリノベーションをするよりも、解体して更地にして、敷地が広ければ一軒だった場所に二軒の住宅を新築して売る方が、新築がいまだに人気で、土地に価値がついている日本では正攻法といえるかもしれません。手放すことが目的なら、それでもいいかもしれません。ですが、建物を残して近隣への顔を立てたり、地域に文化資源を残したいというような、建物への思いに蓋《ふた》をしてしまった所有者さんも多いのです。更地になるくらいなら、手放さない、放置するという判断に逆戻りしたりもします。それでは元も子もありません。

僕たちは、所有者さんの「残したい」という思いも真正面から引き受けて、それでもなんとかならないかと思案して対策を講じます。仮に実現まで至らなかったとしても、

挑戦したことで、所有者さんは踏ん切りがつくのです。踏ん切りがつきさえすれば、より早く、着実に処理をするために、前出の不動産業者のやり方に頼るのでもよいのです。

この局面でも、僕たちのように間に入り、それぞれの事情をきちんと汲んで接点を見出す存在が、結果として両者の納得を生むのです。

売るか貸すか。このAさんは、建物への思いを大切にし、貸す方向で話を進めています。一〇年間眠っていたままだったこの家も、きっと生き返ることでしょう。

ポイント　そのまま、そしてもっと広く発信する挑戦

では、僕たちがそのまま建物を残して、売る／貸すということに果たしてつなげられるか。この挑戦にも、独自の取り組みをしています。

売却あるいは貸すと決めた場合、地方の場合は都心ほど需要がないので、情報が広まるのに時間がかかったり、広く届かなかったりします。そんなとき、僕たち空き家活用株式会社では、ＹｏｕＴｕｂｅの「ええやん！　空き家やんちゃんねる」で空き家内の様子を動画で撮影して流したり、流通プラットフォーム「アキカツナビ」を通して物件情報を公開したり、ＬＩＮＥに登録してくれているお客さまに配信するなど、どんどん

情報を発信していきます。すると、その家のある地域エリアだけでなく、全国あるいは世界の方々からも問い合わせがきます。

この「ええやん！ 空き家やんちゃんねる」では、僕がナビゲーターとなって空き家の中を紹介しています。率直な僕の感動もお伝えしていますから、「お宅拝見」のように楽しんでいる視聴者も多いようです。見てくれている人は四五歳以上がほとんどで、もっとも多い年齢層は六五歳以上です。きっと定年を迎えて自由になり、自分の実家をどうしようか考えあぐねている方々でしょう。

興味深いのは、視聴者の一〇パーセントくらいが海外の人だということ。アメリカ、台湾、韓国、香港、タイあたりからも問い合わせがきます。スカンジナビア半島の国からもけっこうメールが届くんです。なぜかは分かりません。ＬＩＮＥの登録者は、二〇二三年七月には購入したい人が二〇〇〇人強で、所有者さんが数百人。だいたい五対一の割合で登録してくれています。

売る場合、どんな人に買ってもらいたいか、家をどういうかたちで使ってもらいたいのか、所有者さんの意思を尊重します。購入希望者に思いをありのまま伝えます。所有者さんの希望するような人に買ってもらえれば、近所の人も安心して歓迎しますし、所有者さんも周りに迷惑をかけずにすんだとホッとされます。これも、所有者さんの納得した答えとなります。

このように僕たちが発信する情報に「欲しい！」とアクセスしてきた人がいたら、その先の売買契約は地元の不動産業者にお任せします。全体から見たら、売却して手放す意向の所有者さんが多いです。

・豪華な家の借り手はアメリカ人

あるとき、地方の所有者Bさん（三〇代）から相談を受けました。祖父が亡くなって家を相続したけれど、どう扱ったらいいか分からない、とお困りでした。空き家になって三年ほど経っていました。

さっそく僕は現地に飛びました。その家に伺うと、もうビックリです。

それはそれは大きな、立派な豪邸でした。玄関だけで六畳くらいの広さがあり、奥にはお茶室がしつらえてあります。家の中央には情緒たっぷりの坪庭。外に広がる庭を眺めると、母屋から廊下でつながる離れ屋敷がつくられています。そして、極め付きは檜で作られたサウナ。なんという贅沢な家でしょうか。ご商売をされていたおじいさまが、趣味三昧《ざんまい》でお建てになった家だそうです。

Bさんご一家も、いっとき住んでみたそうです。でも、「広すぎて怖い」と子どもが言うので、あえなく撤退。広すぎるのも、現代の核家族には住みにくいようです。近隣の方々にはとても購入できるような代物ではありません。地元の不動産業者ではお手上げということでした。

「どうしたらいいか分からなくて……」

と、所有者さんは僕に相談してくれたのです。

家族で住むのがムリなら、旅館？　料亭？　いずれにしろ、このままのかたちで使ってくれる買い手／借り手を探すしかありません。解体して更地にするなんて、もったいなさすぎます。

・不動産業者は「狭域エリアビジネス」

地元の不動産業者は、とても狭いエリアビジネスなのです。不動産業者の店舗に来てもらうか、チラシを配るのが主な営業方法です。しかし、すでに地元周辺では購入できる人はいないと分かっています。

Bさんのお宅。地上からの写真では収まらないのでドローンで撮影

重厚感のある蔵まで付いている

こんなときには、広域に情報が広がるＳＮＳが大活躍します。僕は「ええやん！　空き家やんちゃんねる」に紹介記事をアップしました。すると、借りたいという方が現れたのです。それは、なんとハワイ在住のアメリカ人でした。ＹｏｕＴｕｂｅを見て、連絡をくれたのです。それからはとんとん拍子に話が進み、そのアメリカ人が借主となりました。

その借主さんは、日本の骨董《こっとう》が大好きで、家中に骨董品を飾り、日本に遊びに来たときに鑑賞できるスペースにするということでした。日本のお友だちも呼んで、ゲストハウスとしても使いたいと楽しみにされていました。

Ｂさんも、家が売れただけでなく、こんなワールドワイドなご縁ができて喜んでいるようでした。せっかくおじいさまが丹精込めて建てた家です。そのままの姿で残し、しかも家のよさを活かしたかたちで使ってもらえるなら、これほどよいことはありません。

・日本の木造文化と新築への移行

少し閑話休題。日本には、長い歴史の中で育まれてきた木造の文化があります。古民家も多くあります。しかし、木造建築の価値は、時間とともに下がっていく。対照的に西洋の石造りの家は、年代を重ねるほどに価値が高まっていきます。西洋人にとって、歴史があるものはアンティークなのです。日本人は、その感覚を失なってしまったのです。

ただ、古くて歴史のある家には価値がある、という感覚を持ち続けている地域があります。それは、第一章で少し触れた京都です。

京都が古い街並みを守り続けていることで、風情と歴史のある場所を好む人たちが集まってきます。「古い建物には価値がある」というマインドの人たちが集まることで、それが文化になっているのです。ほかにも、鎌倉などの古い街には、歴史的建造物が好きな人たちが集まる文化があります。

それなのに、多くの都市や街では、古い家を大切にする文化がなくなりつつあります。新しいものを好む人々の価値感が、それをよしとしなくなってしまったのです。

古い家は維持費がかかる。それよりも、機能性が高くて、現代風で、駅に近くて、親族の干渉からも距離を置き、自分たち核家族だけで生きていきたい。そんな暮らしが、今の日本の主流になってしまったのです。

僕たちが所有者さんの家を残したいという意思に向き合うことが、こういった日本の文化を継承することにもつながっているとするなら、さらにうれしいことです。また空き家という不動産の販売可能性を考えても、世界中、日本中（広域）に目を向けて、世界でも唯一無二の日本建築として残した方が、価値も可能性も高まるのです。

②背中を押してあげる

プロの業者に依頼するための、背中を押す第三者

片付けの場面での一例をご説明しましょう。第三章でご紹介したとおり、自分で判断できる方は、プロの業者にお願いすれば完了です。しかし多くの方には、片付けて廃棄する事業者に頼むことにすら、背中を押してもらうことが必要なのです。そこで僕たちのように、所有者さんに寄り添って伴走する立場の人が、「もう片付けましょう」「こういった観点で片付けてみては？」と整理をし、プロの事業者に橋渡しする必要があるのです。

ご両親が亡くなって葬儀も無事終え、相続関係の大仕事も終えてホッと一息。気がつ

けば実家が空き家のまま残されています。実家からは離れたところで生活する子どもにとっては、「ときどきは風を入れなきゃ」とは思いながらも、実家に行っても迎えてくれる親もいないし、通うのは遠いし……。

「なんとかしないとな」

と気になりつつ、月日はあっという間に流れてしまいます。そんな「空き家をどうしたらいいか分からない。なんとかして～」という相談を受けると、僕たちはすぐさまその空き家に向かいます。ここも、僕たち空き家活用株式会社の出番です！

こんな事例がありました。少し思い出しながらお話しさせてください。

あるとき僕たちが向かったのは、ご両親が亡くなってから一〇年間も放置していた空き家でした。所有者のCさんは一〇年もの間、ほとんど片付けができなかったのです。実家ですから、懐かしい思い出がいっぱい詰まっています。だから、人の手を借りて片付けるのはイヤ、自分でやりたかったと言います。

とはいえ、片付け作業は気が重いもの。自分の住んでいる家ですら片付けられないのに、貴重な休みを潰し丸一日かけて実家を片付けに行くのですから、なおさらです。意

を決して実家に行くと、小物も飾りつけも、すべてが両親が住んでいたそのままです。今にも母親が、

「あら、来たの？」

と、手でノレンを開けて現れそうです。

そんな生前のままの家財道具をいったいどこから手を付けたらいいか、かいもく見当がつきません。

「まずは、お金になるものからだよな」

と考えたCさんは、現金や預金がまだ残っていないか、貴金属はないかと探しました。引き出しを開けると、ありました！　重要そうな銀行の書類がたくさん出てきたのです。でも果たして、それが重要なものなのか分かりません。あっちこっちの引き出しを開けて書類を引っ張り出しているうちに、外は夕闇に包まれてしまいました……。疲れ果て、「今日はもうやめよう」とトボトボ家路に。結局、片付けに行ったのに、かえって散らかしただけとなってしまったのです。

次に実家に行ったときには、自分が子どものころの懐かしいアルバムを発見してしまいます。

「こんなときもあったなぁ〜。お父さん、こんな写真を残してくれてたんだ」

と、ソファに座り込んで楽しくアルバムを見ていると、気がつけば午後三時。住んでいる家は遠いので、もうそろそろ帰らなければなりません。

そんなふうにしてまったく進まない片付けのために、毎週末通うわけにはいきません。だんだん足が遠のき、やがて春になり秋になり……そのまま月日が経っていきました。Cさんの胸中で、「なんとかしなければ」と心の重しがのしかかるばかりでした。

やがて、庭木が茂り放題になり、隣の家から苦情が来るようになりました。庭師を頼んで、たびたび剪定してもらわなければなりません。そのたびにかなりの費用がかかります。親戚からは、ことあるごとに尋ねられます。

「実家、どうするの?」

「考えてるよ、うるさいな」と、次第に実家には触れないようになってしまいました。

余談ですが、こうやって一〇年、一五年と経っていくと、そのうち家に雨漏りがするようになり、ネズミやイタチなどが入り込んで棲みついてしまったりして、ますます行きたくなくなってしまうものです。浮浪者が住んだり、空き巣に入られたり、放火をされる危険性もあります。やがて家が壊れて崩れていくのです。こういった朽ちた家の発生は、実は珍しい現象ではありません。ごく身近にあることなのです。

ポイント　本当に欲しいものは最初に持ち出している

話を戻しましょう。相談を受けた僕たちがCさんの実家に行くと、一〇年も空き家だったのに、ご両親の布団までそのままの姿で残っていました。

「ああ〜、これはけっこう物量がありますね。どうしたいですか?」

「自分でやるのはムリと分かったから、一緒に片付けてほしいんです」

「分かりました。じゃあ、ご一緒に片付けましょう!」

Cさんは「一つずつ、残すか捨てるか決めたい」と希望されます。「いいですよ。いらないものは捨てますから」と、僕は付き合っていきました。出てくるわ出てくるわ……。引き出物でもらった毛布が二〇枚も、箱ごときれいに押し入れに入っている。そんなものが次々現れるのです。物量が多いためキリがなく、だんだんわけが分からなくなってきました。そこで、

「売れるものからやりましょうか」

とご提案し、買取業者に来てもらうことにしました。数人の業者さんが、家の中を走

り回って買取できそうなものをテキパキ集めてくれます。貴金属や陶器などをまとめると、一五万円ほどになりました。

「さらに残ったものは、どうします？」

と僕がお尋ねすると、Cさんはふっとため息をついて、

「もういいや、すべて捨てましょう……」

とおっしゃいました。気持ちの整理がつき、ようやくそこから手放し始めたのです。

実はほんとうに欲しい物は、すでに最初に持ち出しているものです。整理術で知られる「こんまり」こと近藤麻理恵さんが「ときめく片付け」を提唱されていますが、遺品整理も同じで、家族は「ときめくもの」を、まず最初に手元に置いているのです。

それは家族のアルバム一冊だったり、思い出の深い品一つだったり。でも、その後一〇年もの間一度も触っていないものは、もう二度と使いませんよね……。そのことに気がつくと、所有者さんは家を手放すのです。

僕たちはそれをよく知っていますから、最初は一緒に手を付けながら、所有者さんの背中を押してあげるのです。そして、所有者さんが納得できれば、あとは心を決めて事

業者に依頼し、実家を市場に出すことができるのです。

ポイント　事業者を目利きし、選べる状態で背中を押す

片付けだけに限らず、実家や空き家の処理に関わるあらゆる場面で、現場でプロの事業者はきちんと気持ちを汲んで、あなたを後押ししてくれます。そしてこういった事業者に出会い、依頼するための「背中を押す役割」も必要なのです。

そしてみなさんが事業者を選ぶ際に、そもそも信頼できる事業者から選べること。複数の選択肢を提示し、自ら選んで意思決定できること。こういった選択の場づくりを僕は大切にしています。

③社会とともにある
自治体と民間の連携した取り組みで安心

・空き家があるのに、物件がない

町おこしとして空き家活用を考えている市区町村もたくさんあります。お話をさせていただいている茨城県K市の方々も頑張っています。ただ、K市の場合は、物件がないという悩みを抱えています。空き家はたくさんあるのに、所有者さんたちが市場に出してくれないために、売ったり貸したりできる物件がないのです。

「どうせ買ってくれる人なんかいない」

と、所有者さんは思っているのでしょうか。実際は、月曜日に物件として出たら、火曜日には売れてしまうほど、移住希望者たちは物件が出るのを待っているのに……。

こういった埋もれている空き家を市場に出してもらうことを、僕は空き家の「掘り起こし」と言っています。所有者さんに、いかにして持っている空き家を売却あるいは貸し出すように動いてもらうか。

「一〇年も二〇年も空き家を放っておくのだったら、誰かに使ってもらいましょうよ。家を眠らせておかないで、次の人につなげませんか。お困りのことは何ですか。まずは相談してみてくださいね」

こんなふうに、所有者さんに空き家を利活用する決心をしてもらうよう、背中を一押しするのです。そしてそれを、自治体の方たちと一緒にやっています。

空き家があるのは分かっている。

その所有者さんに相談してもらえるか。

そして、手放す決心をしてもらえるか。

いわゆる「よろず相談窓口」のようになって、なぜ手放さないかという心の問題をときほぐすのです。お話を聞くと、「誰に相談したらいいのかが分からなかった」ということが多いのです。誰もが知っている「市役所」「町役場」のような場所が持つ信頼感に、僕たちの持つ知識や技術を合わせることで、所有者さんに安心していただいています。

そして、売るか貸すかという意思決定をしてもらえたら、その情報をいかにうまく広く伝えるかも重要です。

「ここに活用できる家がある」ことを、多くの人に知ってもらわなければなりません。

この際にも、自治体と民間がタッグを組んで発信すると、より効果的です。

・住民からのクレームに、自治体も困っている

自治体の側も、実は困っているのです。

日本の住宅戸数が六二四〇万戸あるうち、空き家は八四九万戸もあります。だいたい七軒に一軒が空き家になっているのです。やがて二〇三八年には三軒に一軒が空き家になると予想されています（野村総合研究所の「日本の総住宅数・空き家数・空き家率の予測」による）。戸建て家屋の両隣のうち、左右どちらかが空き家になっている……！

そんな時代がじきにやってくるのです。

「空き家の草がぼうぼうに茂って、うちの庭にまで入ってきて困る」

「子どもの通学路にボロボロの空き家がある。崩れそうになっていて、子どもたちが危険だ」

「空き家が死角をつくるから、そこで犯罪が行われるかもしれない」

役所には、こういった多くの苦情が市民から寄せられます。自治体は苦情から、所有者に助言・指導等を行います。最終的には、行政代執行として除却（建物の解体・廃棄）を行うのです。自治体にとってもっとも苦慮するのは、市民からのクレームだからです。国からも、自治体はずっと空き家対策をするように言われ続けていました。

でも、人手も足りず、専門知識もない。これが多くの自治体の実情なのです。空き家問題を扱った専門書は、たくさん書店に並んでいます。おおむね行政の方たちの努力が足りない、行政がしっかりすべき、という論調です。でも、そんなことはありません。行政も自治体の職員の方々も、手を尽くそうと努力しているのです。マンパワーが足りず、仕組みが現状に追いついていないだけなのです。

多くの自治体職員の方のお話を聞いていると、「自分たちで何とかしなければならない」という思いが強すぎるように感じました。「外部には頼めない」「外部に頼むとお金がかかる」といった思い込みがあるようでした。さらに、新しい取り組みをしようとすると、役所内で止められる……。結局、担当職員が自分一人で空き家問題を抱え込んでしまうのです。

ポイント　実家、空き家相談は行政と連携した窓口へ

ところが二〇二三年六月一四日に「空家等対策の推進に関する特別措置法の一部を改正する法律」（空家特措法改正）が公布されたことで、流れが変わりました。それまでは空き家の除却を念頭に置いていたのに対し、国が空き家の利活用をすすめるようになったのです。利活用を実現するため、空き家の所有者を特定できるように電気会社やガス会社から所有者情報を得ることや、民間事業者ともパートナーを組んで活動できるように法律が改正されました。

この法改正によって、こんなことができるようになりました。

ある日、空き家の所有者さんの元に役所から手紙が届きます。

「役所の中に空き家対策窓口ができました。あなたが所有している○○地区の空き家について、もしお困りのことがあったら相談しませんか」

役所からの手紙ですから、所有者さんも不審には感じません。

「そうか、相談できるのだったら、一度役所に行ってみようかな」

と重い腰を上げます。役所の担当者が話を聞いてから、僕たちのような民間の会社に紹介されるのです。つまり自治体は、「空家等管理活用支援法人」という制度を使い、

契約を結び、安心できる業者として所有者さんにおすすめするのです。

このようにして、空き家の「掘り起こし」が国から法的に認められたかたちでスムーズに行えるようになるのです。

地方の市区町村は、人口が減っていくのが課題ですから、できれば移住者を増やしたいと考えています。また、空き家のままにしておくよりも、週末にときどき通ってくるデュアルライフの拠点として家を活用してもらうことで、その街に定住するのではなく、ときどき来て地元の人たちと交流する「関係人口」が増えるのも歓迎です。

実は、僕たち空き家活用株式会社では、すでにこの活動を始めています。二〇二三年度には三〇ほどの自治体と提携して、空き家を利活用すべく取り組んでいます。

・空き家になる前の発生抑制が急務に

その中でも、世田谷区は全国の自治体の中でも先がけて空き家対策に取り組んでおり、うまくいっていることもあれば、課題もありました。第一章でお話ししたように、世田谷区は日本で一番空き家が多い自治体です。商業地域よりも居住地域が大きいことや、戦後に大きくなった街であり、第一世代がいっせいに住んだけれど、子どもたちはほかに家を持ってしまったことが主な要因です。代々家を受け継ぐという意識はあまりありません。

そこで僕たち空き家活用株式会社は、民間を巻き込んだ新しい取り組みをしたい、という課題に対して、「こんなことをしたい」「こんなことならできる」というアイデアを出し合っていきました。現在は世田谷区と協定を結び、空き家の所有者さんのための「せたがや空き家活用ナビ」を運営しています。空き家の所有者さんと事業者をつなぎ、片付けや相続の相談と対応といった空き家の管理や、次に使う人に売却するお手伝いをしています。

注目してほしいのは、まだ空き家ではないけれど、そのうち空き家になりそうな家の相談も受けていることです。

世田谷区の高齢化率は、どんどん上がってきています。それは、じきに空き家が増大することを意味しています。現在発生している空き家の対処の相談では、もう間に合わないところまで来ているのです。世田谷区の職員の方たちは、まだ居住している「未然状態」の人たちに相談しにきてほしい、と呼びかけています。

今、日本は大変な高齢社会になっています。これはつまり、じきにご両親は施設に入ったり、亡くなったりするということなのです。そうなったときに慌てないための準備が、これからとても大切になってきます。

空き家が発生する前に心づもりをしておくことを、「空き家の発生抑制」と言います。空き家になって放置してしまう前に、ご両親がお元気なうちに「実家をどうしてほしいか」を相談しておくのです。

それには、50ページで述べた思い出話のほかにも、親の将来の夢を聞いてみます。これから何をしたいかです。次は、そのために子どもたちにどんなサポートをしてほしいかを尋ねます。そして、新しいことを始めるために、処分したり整理したりすることは何かを考えてもらうのです。

「私たちがいなくなったら、家を売ってもいいよ。それなら、今のうちから断捨離しておこうかね」

と、気持ちを少しずつ整理していくのです。この段階が「未然対処」です。

・新しい民間事業者が自治体に参加する障壁

実は、自治体には積み重なったさまざまな関係もあって、新参者をパートナーにすることはとてもハードルが高いのです。しかし、実際に僕たちが世田谷区と協定を結ぶことになったとき、関係者を集めた会議でていねいに説明をしたところ、会議の最後には、「民間事業者でも自治体でも、世田谷区内の空き家に関する関係者がみんな集うような、お祭りみたいなことができるといいね」

という言葉をかけてもらえるほど、参加者全員が満足してくださいました。

そして、世田谷区と連携協定を結んだから終わりではなく、そこからがスタートです。

「まずはスモールスタートから始めましょう」

とご提案し、最初からゴールを決めることはしませんでした。少しずつ始めて、最初に思い描いていたもの以上のことを、手を変え品を変えてやり続けていったのです。自治体の職員の方たちと試行錯誤をしながら一緒に取り組むことが大切なのです。

世田谷区の広報と一緒に郵便局にポスターを貼ったり、回覧板を回したり、ダイレクトメールを送ったりするといったことをコツコツ繰り返しているうちに、世田谷区の相談窓口「せたがや空き家活用ナビ」への相談者が増えていきました。継続してやり続けることの大切さを改めて感じました。

実際に「せたがや空き家活用ナビ」を利用して、実家の売却をされた所有者さんから

メディアでも空き家問題が大きく取り上げられている

「せたがや空き家活用ナビ」のパンフレット

は、「行政と連携した取り組みが信頼できた」という声をいただいています。世田谷区と連携した取り組みは、二〇二三年六月に放映された『ガイアの夜明け』（テレビ東京）でも詳しく取り上げられ、大きな反響がありました。そしてこの窓口のモデルは、全国の自治体に広がっており、みなさんに安心を感じていただける官民連携した取り組みとなって広がっています。

④当たり前化していく
空き家にハンデのない商流をつくる

ポイント　「空き家ローン」をスタートし、金融商品でサポート

起業当初のアイデアにはなかった、ローンや保険も始めました。アキカツローンは「空き家多目的ローン（無担保ローン）」で、空き家の購入資金、リフォーム資金、解体資金を調達できます。

二〇二三年五月から、オリエントコーポレーション、みずほフィナンシャルグループ

（FG）が、きらぼし銀行（東京）、北日本銀行（岩手県盛岡市）、千葉興業銀行（千葉県千葉市）、滋賀銀行（滋賀県大津市）、筑邦銀行（福岡県久留米市）の五つの地方銀行と組んで、空き家購入希望者にローンを提供するという取り組みがスタートしました。スタート時の五行から、数カ月で二五行以上が検討を進めるなど、空き家を市場化することにいよいよ金融機関も本腰を入れてきました。空き家活用株式会社が購入希望者をつのり、クラウドローンというベンチャーが運営するシステムを通じて、スマホから銀行にローンの申し込みができるようにしたシステムです。

これまで、買いたい空き家があってもローンが組めず、購入できない活用希望者が多かったのです。空き家を購入する際にも僕たちの設計したローンが使えるなら、地方の担保評価が出ないような傷んだ空き家でも買えるようになります。このローンは、地方創生のためにと地方銀行の方たちが力を貸してくれたことからできました。二〇二三年三月二五日付の日経新聞の一面に大きく取り上げられましたので、ご存じの方もいるでしょう。

それまでにも空き家向けのローンはあったのですが、金利が高い、期間が短いなど購入者のニーズと少し離れたプランになっていました。これが、空き家が流通しない理由の一つだったのです。そこを整えて、購入者が使いやすくなったローンがあるという情報を、ＳＮＳなどを通して広く拡散するようにしています。お申し込みも殺到中です。そしてローンのみならず、福井銀行（福井県福井市）などは、地方創生の取り組みを僕たちと開発するなどして進化しています。

ポイント 「空き家いったんあんしん保険パッケージ」を無料で

空き家を火災保険に入れている人は約四〇パーセント（あいおいニッセイ同和損保社の調査結果より）といわれています。半数以上の所有者さんは、何も保険に入っていません。そこで当社の相談窓口では、世田谷区はもちろん、相談してくださった方全員を対象に、「空き家いったんあんしん保険サービス」をご案内しています。これは空き家の損害賠償責任保険で、受付日から一年間は無料で保証を受けられます。

相談はするけれど、すぐには空き家をどうするか判断できない場合に、利活用の方法が決まるまでの所有者さんの不安を軽減し、その間に落ち着いて空き家の対処を考えていただくものです。これは、あいおいニッセイ同和損保と協力して行っています。

こうした大企業のみなさんが、普通の不動産商流ではどうしても劣っていた部分を、商品開発でカバーしてくれています。空き家を買う／借りるということや、持っている方の安心安全が実現できるように、「ほかの商品にはあって、空き家にはない」をなくす。当たり前のレベルを上げていくことに、多くの事業者の力を借りて臨んでいます。

このように僕たちは、空き家という領域にどっぷりつかり、多くの所有者さんや関わる方々とこれでもかというくらい対話を続けることで、この市場の全体像を解像度高く理解することができました。そしてその気づきから、本章で述べてきた四つのキーワードに基づいて、所有者さんに向き合い、そして解決するサービスに至りました。もちろん、このポイントをとらえている仲間たちが全国にいます。

空き家を諦めないでください。ご両親がお元気な方も、他人ごとではありません。やがてはやってくる「自分のこと」として向き合っていただきたいのです。

空き家に悩むみなさんには、そしてこれから「今すぐ実家を売ろう」という読者のみなさんには、このキーワードに答えてくれる事業者を選んでいただきたいです。よろしければ僕たちにも、声をかけていただけたらうれしいです！

【コラム　家ものがたり②】

自治体から相談された「農地付き空き家」──農地購入の工夫

僕たちが連携協定を結んでいる自治体の方から相談される空き家もあります。

大阪府M町役場から連絡をもらって訪問した空き家には、広々とした田んぼが付いていました。所有者さんが親戚から遺贈された家と農地だといいます。何年も買い手がつかず、お困りのご様子でした。

所有者さんは、農地もあわせて売却したいとのご希望でした。ほとんどが親戚という二〇軒ほどの集落の中にあるため、家を譲るにあたっては、「地域の事情を理解して付き合える人」というリクエストもいただきました。

動画を撮影して「ええやん！　空き家やんちゃんねる」で公開すると、三一万回の閲覧があり、一五〇件の問い合わせが来ました。そのうち内覧会には四〇組ほどの方々が参加してくれました。

問題は農地です。農業従事者でなければ、農地は買えません。昭和二七年に定められた「農地法」の第四条「農地の転用の制限」により、農地を宅地に転用することができないからです。

土地には「市街化調整区域」というエリアがあり、そこは建物を建てられません。農地や生産緑地がそうで、そこは農業を守るためのエリアなのです。

なぜそのようなエリアが定められているのでしょうか。

農地、とりわけ田んぼは、共同水源から流れる水をいくつもの田んぼで分け合って使います。田んぼを分けるようにあぜ道がつくられていて、みんなで草取りをしたりしています。土地全体を守っているのです。自分一人だけのものではなく、みんなで大事に使っている土地なのです。

この田んぼやあぜ道に、農業を知らない人が農薬や不要なものを撒《ま》いたりすると、田んぼが死んでしまいます。あるいは、その地域のしきたりを知ろうとしないと、ほかの人たちが困ることになってしまいます。そのため、地域の農業委員会が認めた人でなければ農地は購入できないのです。

ところが一方で、農地が売買できないために、耕作の担い手がいなくなった土地は耕作放棄地となってしまい、草ぼうぼうになっている田や畑もよく見られます。農業従事者になるのは、一般の人にはとてもハードルが高いこと。内覧会に来てくれた方たちも、ほとんどその条件を満たしていませんでした。

そこで、苦肉の策として家部分だけを売却することにし、田んぼは所有者さんがそのまま保有することになりました。所有者さんに田んぼを貸してもらう、というかたちにしたのです。もし、農業従事者ではないけれどよい買い手がいたら、買ってもらえるようにして、また、田んぼの問題は地元の農業従事者にあたるなどして、ゆっくり解決していこうということにしました。

ちなみに、一般の人が農地を購入したいと希望される場合、もっとも近道なのは、農家のお手伝いをすることです。田畑の手伝いをしながら農業経験を積んで、ゆくゆくは農業委員会に認めてもらって農業従事者になり、農地を購入するのです。

結局、このM町の農地付き空き家の場合は、農業法人が購入してくれたため、問題はすっきりと解決しました。ＹｏｕＴｕｂｅで動画を公開してから、三カ月ほどで売却が決まりました。

第六章

空き家がつくる未来へ、ようこそ

空き家が実現する、憧れのデュアルライフ

ここまで、空き家問題の構造や対処方法について述べてきました。僕たちはもちろん、所有者のみなさんの自助努力で、空き家をうまく使う未来がやってくるとしたら、その未来はどんな世界になるのか。こんなことを日々、僕たちは思い描いています。

最近では、自分の家を持ちながら別荘のように地方にも家を持つという「二地域居住（デュアルライフ）」が増えています。二〇二一年には、生活の拠点のほかに別荘のような家を持って行き来している人は、全国で推定約六一七万人に上りました。さらに、今後いくつかの家を持ちたいと考えている人は、推定約六六一万人もいるという調査結果が報告されています（令和三年、国土交通省『空き家等の活用を通じた二地域居住の推進』による）。

デュアルライフは、空き家問題を救う大きなポイントになる――。僕がそう思うようになったのは、フィリピンで仕事をしていたころです。

僕は以前、大阪と東京で不動産業をしつつ、フィリピンにも仕事の拠点を持っていた

時期がありました。大阪、東京、フィリピンの三つの拠点で仕事をしていたのですが、そのうち空き家活用の仕事が忙しくなってしまい、フィリピンは撤退して、今は東京と大阪で活動しています。

面白かったのは、フィリピンの人たちがとってもいい加減なこと。でも、そのいい加減さが、「よい加減」なんです。仕事に対しても生活スタイルもとってもおおらかです。あるとき、僕が工事中のビルの脇を通りかかって驚いたことがありました。上から管が破れてバーッと放水してしまって、すごいことになっているんです。なのに、地上から五人くらいの作業員がずーっと見上げているだけなのです。水を止めに行こうともしない。「これ、どうなっちゃうのかなぁ」という顔つきで見ているんですね。

またあるときは、新築の家の窓の隙間がすっごく空いているのを見つけました。日本だったら大変なクレームがくるでしょう。でも、彼らはそれくらいは全然気にしない。彼らと接していると、細かいことなんて気にしなくてもいいんだ、と思えるようになったんです。

外国に行くと、日本のよさが見えてきますよね。フィリピンの人たちの暮らし方は、僕が今までしてきた暮らし方と全然違う。

「日本人も、もう少しリラックスしようよ」

そんなふうに思ったんです。

外国でなくたって、日本の中でだってそれができる。それが、都会と田舎の両方に家を持つことです。

逃げる場所があれば、子どもの自殺は減る

僕は、デュアルライフが進み、多拠点居住の人たちが増えれば、子どもたちの自殺も減ると思っています。子どもたちは苦しい状態であっても、「ここから逃げられない」という強迫観念を持っているのです。逃げられないからこそ、我慢する。だからよけい追い詰められて、自殺してしまうのではないか。

デュアルライフをすると、新しいコミュニティができます。近所のコミュニティができ、もしかしたら同じ年ごろの友だちだってできるかもしれません。都会がしんどくなってイヤになったら、田舎に行けばいいんです。そこでなら、人間関係のつらい思いか

ら解放されて、新しい友だちもできて楽しく過ごせるかもしれません。そして、都会に戻りたくなったら戻ればいいのです。これは大人もそうかもしれません。

逃げられる場所、避難できる場所があることは、人の心にとってすごく安心できる材料になります。

田舎に行っても何もなかったりするので、一日ぼーっと過ごしているだけかもしれません。そこにずっといたら、都会っ子は飽きてしまうでしょう。野山が美しく見えるのは一日だけかもしれないですよね。でも、だからいい。たまに行くからいいんです。

今住んでいる家から引っ越したり、転校したりするのだったらとても大変ですが、プラスワンで別荘を持ったと思えばそれほど負担にもなりません。都会は人も多いし、情報量も多い。スピード感もあって刺激的。でも、刺激が多すぎるとしんどくなってしまいます。

反対に、田舎に行って、ゆっくり時間を過ごして自分の好きなことをする。この二極が人間にとって必要だと思うのです。デュアルライフがもっと浸透していけば、日本自体ももっと生きやすくなるのではないでしょうか。

家は、住んでいる人がいるからこそ生きてきます。使いたい人がいるのですから、市場に流通させてあげましょう。

複数の家を持つという流れは、「実家は田舎でどうせ売れない」と諦めている所有者さんにとっては、大きなチャンスと言えます。売れないと諦める前に、一度市場に出してみることをおすすめします。

空き家問題を「もっと面白く、楽しく」知ってほしい

コロナ禍によって田舎に目が向いたことも、空き家問題の解決の後押しになりました。一人が家を数軒持って、一つは誰かに貸してもいい。例えば家をカフェにするなど、住むだけではない使い方をしていくのも、活用の方法だと思います。

ここで大事なのは、地域の人も参加できること。近所の人が集まってきて、そこに交流が生まれるのはとてもいいことです。その人たちがつながることで、二軒目の家の所有者さんは「関係人口」になるんですね。

僕は、経済的な豊かさが人生のすべてではないと思うのです。地域にお住まいの方が気持ちよく楽しく住めることを大切にしながら、たくさんの人たちが集まって交流していくことが、本当の豊かさではないかと。

地方の人口はそれほど増えなくても、今を継続させていく。でもそれを関係人口でカバーしていくことができたらいいんじゃないか。内外の人が、同じ街で楽しみつつ暮らしていくことが大切でしょう。第四章でご紹介したシャンプーハットのてつじさんのようなスタイルが、もっとできればいい。

今、空き家が約八四九万戸あるのが問題だといわれています。でも見方を変えれば、「自分の夢が叶う場所が、八四九万戸もある」ということになるでしょう。そんなふうに考えたら、空き家問題ももっと面白く、楽しくなるんじゃないかなと思うんです。

だからこそ僕は、最近よく見かける「○円空き家」には反対です。空き家の所有者から「○円で売ります」と、言ってはいけないと思います。なぜなら、その物件を○円で売ってしまったら、それ以降は周辺の物件も○円とみなされてしまい、地域全体の価格を下げてしまうことになるからです。そんなことをしていたら、やがては日本全体の家の価値を下げることになってしまいます。

なぜ空き家問題が起こるのか。なぜ空き家の利活用が進まないのか。その背景にある構造的な問題をしっかり踏まえた上で、どうしたら日本の未来を明るくできるかを考えて行動すべきだと考えています。

【コラム　家ものがたり③】
別荘のように、休日に子どもたちと訪れる家　～デュアルライフの楽しみ方

その所有者さんは、内覧のときに必ず同行されます。お年を召してはいますが、とっても話し好きの明るい方で、ご自分で空き家の案内をされるのです。

埼玉県のO市にある家は、ロッジ風でテラスからの眺めが抜群です。都心から車でたった二時間ほどのところにあり、近くにきれいな川も流れています。

あるとき内覧に訪れたのは、両親と二人の小さい子どもがいる家族でした。

「バーベキューをしたり、川遊びをしたり。子どもたちをこんな環境で育てたい」

という両親のご希望にぴったりです。所有者さんとも話が弾んでいます。ただ、小さな子どもたちを育てている最中でもあり、値段交渉はしっかりされているご様子。「でも、この人たちだったらいいわ。こんな子どもたちに家を使ってもらいたいもの」と所有者さんはおっしゃって、ちょっぴり値下げしたところで交渉成立。週末や休みのときに別荘のように使う、デュアルライフが実現することとなりました。

【コラム　家ものがたり④】

築一〇〇年の古民家に「お試し移住」～定期借家でゆっくりなじむ

海外転勤になったために売家に出された、山梨県Y市にある築一〇〇年の古民家。昔の造りを活かしたリフォームがされていて、なんとも趣のある物件です。

家を売るにあたり、所有者さんから買主への希望がありました。「地域の自治会などに参加して、周りの人たちと交流できる人に住んでもらいたい、というのです。そのため、賃貸ではなく売却をする方向でした。

しかし、地方に移住してくるのはかなり勇気がいるものです。地域になじめるかも不安でしょう。

そこでまず、「定期借家」（定借）のかたちを取ることにしました。期間を区切って貸し、もし住んでいる間に買いたくなったら、購入することができる。その場合、それまでに支払った家賃は売買価格から差し引く、というものです。このときは、三年間という期間を設けました。

三年間に限って借りるなら、「お試し移住」のようなチャレンジができそうです。

実際、借りられた方は、始めのうちはもともと住んでいる家と行ったり来たりしていて、最終的には購入して移住するというスタイルを取られました。これもデュアルライフの一つのかたちですね。

「一人 対 n戸」、そして「社会相続」の文化をつくる

ここまで述べてきたとおり、人生において、同時に複数の居場所を持つ。家を買う／

借りるということ以外の契約形態も含めて、一戸ではなく多数（n戸）の物件と関わりを持つ仕組みをつくることで、より多くの居場所を確保できると僕は考えています。

団塊世代と産業構造の変化による長子相続の文化の終焉《しゅうえん》によって、生まれる空き家。これに加速をつける人口減少の局面で、「一人が一つの物件を持つ」では、空き家問題は拡大する一方です。空き家問題解消のために、人の人生があるわけではありません。しかし、多くの物件と関わりを持って居場所をつくることが、幸せにつながるなら、空き家問題の解消と、人生の幸福度の向上は、同じ線路の上にあります。

また地方は、そのままの姿、その強みを尖《とが》らせることで、誰かにとっての「n戸」の一つとなる可能性が高まり、都心を模した開発によって文化や強みを失うことにならずにすむのです。

相談を受け、空き家の情報を市場で発信していく役割を担い、新しい居場所をつくる文化を同時につくっていきたいと考えて、僕らはさまざまな事業を進めています。また、その仕組み自体が、家を相続する新しい文化、長子だけではなく、使いたい生活者がみんなで相続する「社会相続」という新しい文化をつくることになると考えています。このように、空き家問題が解消していくための仕組みづくりを、一歩一歩すすめていきた

図４　一人 対 n戸のつながりを持とう

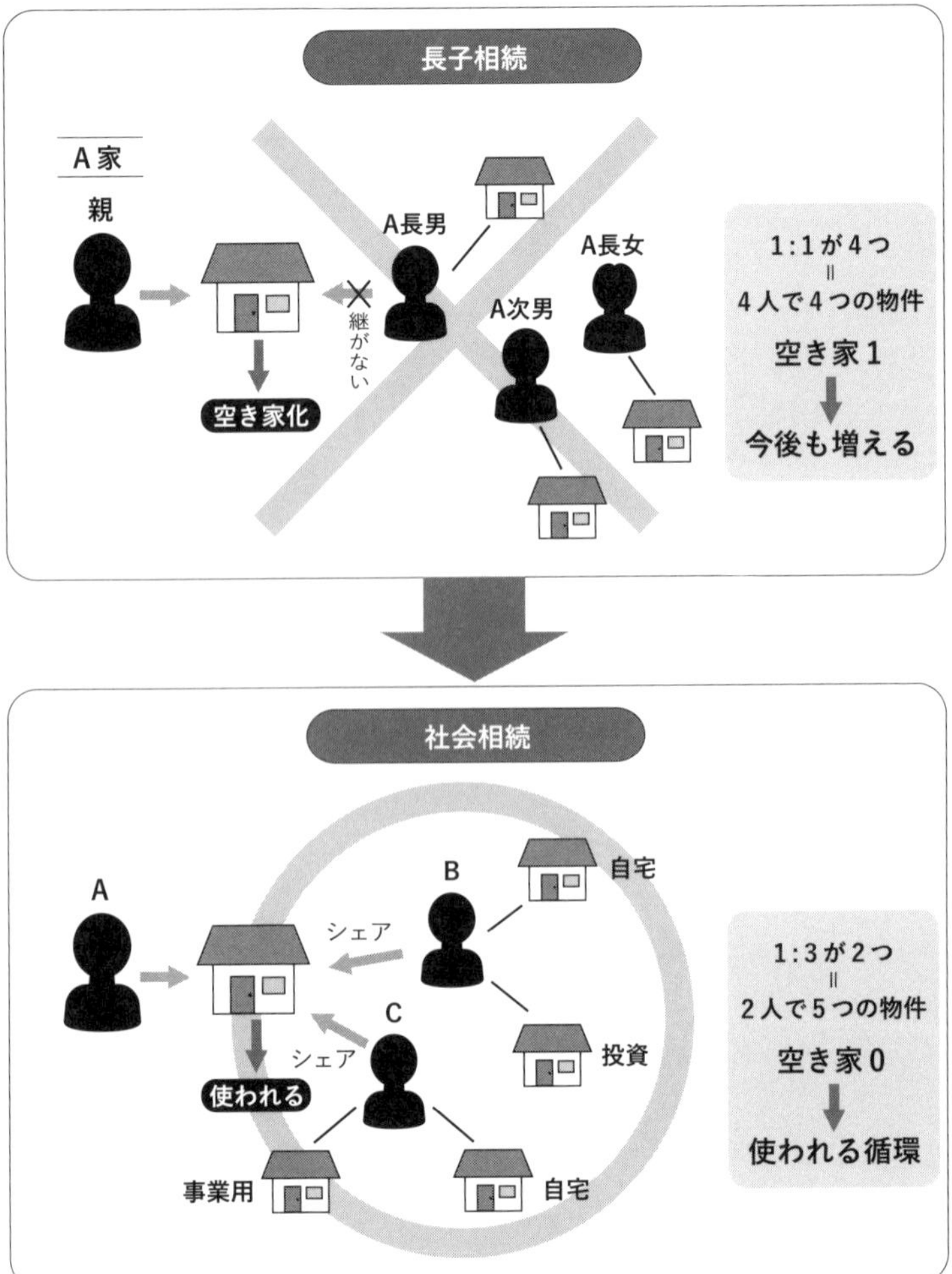

い。これが僕たちの考える、「空き家二〇〇〇万問題」への解です。

日本を「軍艦島」にしないために

僕が空き家問題を解決したいと強く思ったのは、とあるできごとに衝撃を受けたことがきっかけです。

僕が二〇歳のときに父が亡くなり、その父が数人で営んでいた建築関係の事業を継承しました。しかし、四年で多額の借金を抱えて廃業。家族を養うために不動産業界に飛び込み、住宅に関わるあらゆる仕事（賃貸・売買仲介や新築戸建販売）をしていました。僕はもともと人と話をするのが好きでしたし、人に喜んでもらえるような仕事をしようと、無我夢中で頑張りました。その後、三四歳のときに独立。新築分譲をメインとする不動産会社を立ち上げました。日々仕事に誇りを持ち、経営していくのは大変でもあり、楽しくもありました。

ところが、転機が訪れたのです。

二〇一四年に、経営者仲間と勉強会のツアーで長崎県にある端島《はしま》を訪れたときのことです。端島は軍艦島と言った方が、みなさんにはピンとくるかもしれませんね。映画『進撃の巨人』のロケ地として使われたことでも知られています。日本で初めて鉄筋コンクリートの集合住宅が作られた最先端の街だったのに、炭鉱の廃坑とともに人々が去り、巨大な廃墟となってしまいました。

見学を終えた帰りの連絡船の中で、一人の経営者にこう言われたのです。

「君たちの業界（不動産・建設業界）が、日本中に軍艦島をつくろうとしている自覚はあるか？」

思いもよらない言葉に、僕は衝撃を受けました。確かに、人口が減っているにもかかわらず、新しい建物はどんどん増えています。

「空き家問題を見て見ぬふりをして、未来に先送りしているのではないか。このままではダメだ。未来の日本を、この軍艦島のようにしてはいけない」

と、そのとき心に誓ったのです。

僕は商売人です。ですから、ビジネスで空き家問題を解決できないか。地域で活躍しているＮＰＯ法人などはありましたが、空き家を日本全体の問題として取り組んでいる団体はありませんでした。さらに、この空き家たちがもっと流通・利活用されれば、莫大なマーケットになると思ったのです。なのに、空き家を活用するための道がほとんどないことに気づきました。

「ないのだったら、自分がやろう！」

と決心し、二〇一四年に空き家活用株式会社を立ち上げました。そして、空き家市場を構築するためのベースをつくり、あらゆる企業や行政、団体の方たちと手をたずさえながら、空き家問題を解決していこうと走り続けてきました。

企業が競合してマーケットを奪い合うのではなく、ともに助け合って支え合いながら、空き家の所有者さんたちにも、街の創生に力を尽くしている人たちにも喜んでもらえる仕事をする、そして、全国の空き家＝中古不動産を流通・利活用させることで、日本国土の価値を上げ、未来の子どもたちに魅力ある日本を贈りたいと願っています。

今すぐ、実家を売りなさい。

少々厳しい物言いを、タイトルにつけさせてもらいました。

でも、本当に真剣に、空き家を自分ごととして考えてほしい。未来のご自身のこと、未来の子どもたちのことを考えてほしい。僕たちのその思いは、誰よりも強いと思っています。

最後にタネ明かしをさせてください。このタイトルの言葉を言ったのは誰か——。実はみなさんが将来なってしまうかもしれなかった、空き家に大変苦労され、やっと解決された所有者さんからのみなさんへのメッセージなのです。これから空き家に向き合うみなさんへのアドバイスは？　という問いに対して、「今すぐ、実家を売りなさい」と——。

［対談］

空き家をめぐる法律、どう変わった？

～自治体がやるべきこと 今できること、やりたいこと～

国土交通省 住宅局 住環境整備室長 石井秀明さん×和田貴充

増え続ける空き家

和田 二〇二三年六月一四日付で、「空家等対策の推進に関する特別措置法の一部を改正する法律」（以下、空家特措法改正）が公布されました。ここでは、法律改正の担当である国土交通省の石井秀明住環境整備室長にお話を伺います。

空家特措法の改正には、自治体のみなさんも空き家の持ち主も大きな関心を寄せています。空家特措法改正の解説をしていただくと同時に、国としてはどんな方向性でありたい、またどのように自治体に活躍してもらいたいと考えているか、教えていただけますか。

石井 六月に空家特措法の改正が国会で成立し、公布されました。空家特措法は、二〇一四年一一月に成立・公布、翌二〇一五年二月に施行されて、それから八年経って今回改正されたわけです。

これはもう、みなさん見慣れたというよりも見飽きたグラフかもしれませんが、空き家は今後もまだ増えていくと予想されています（図5）。我が国の人口減少もスタートしています。人口減少から少し遅れて、世帯減少が始まります。人口が減っても単身者が増えると世帯はすぐには減りませんが、おそらく数年後から世帯減も始まってくるでしょう。そうすると、当然、空き家が増えていく要因となるわけです。

二〇一八年には、空き家は八四九万戸に増えています。棒グラフの一番下の部分は、別荘やときどき寝泊まりする人がいるといった二次的利用のある住宅。真ん中

図５　空き家数の推移

- 空き家の総数は、この20年で約1.5倍（576万戸→849万戸）に増加。
- 二次的利用、賃貸用又は売却用の住宅を除いた長期にわたって不在の住宅などの**「利用目的のない空き家」（349万戸）**がこの20年で約**1.9倍に増加。**

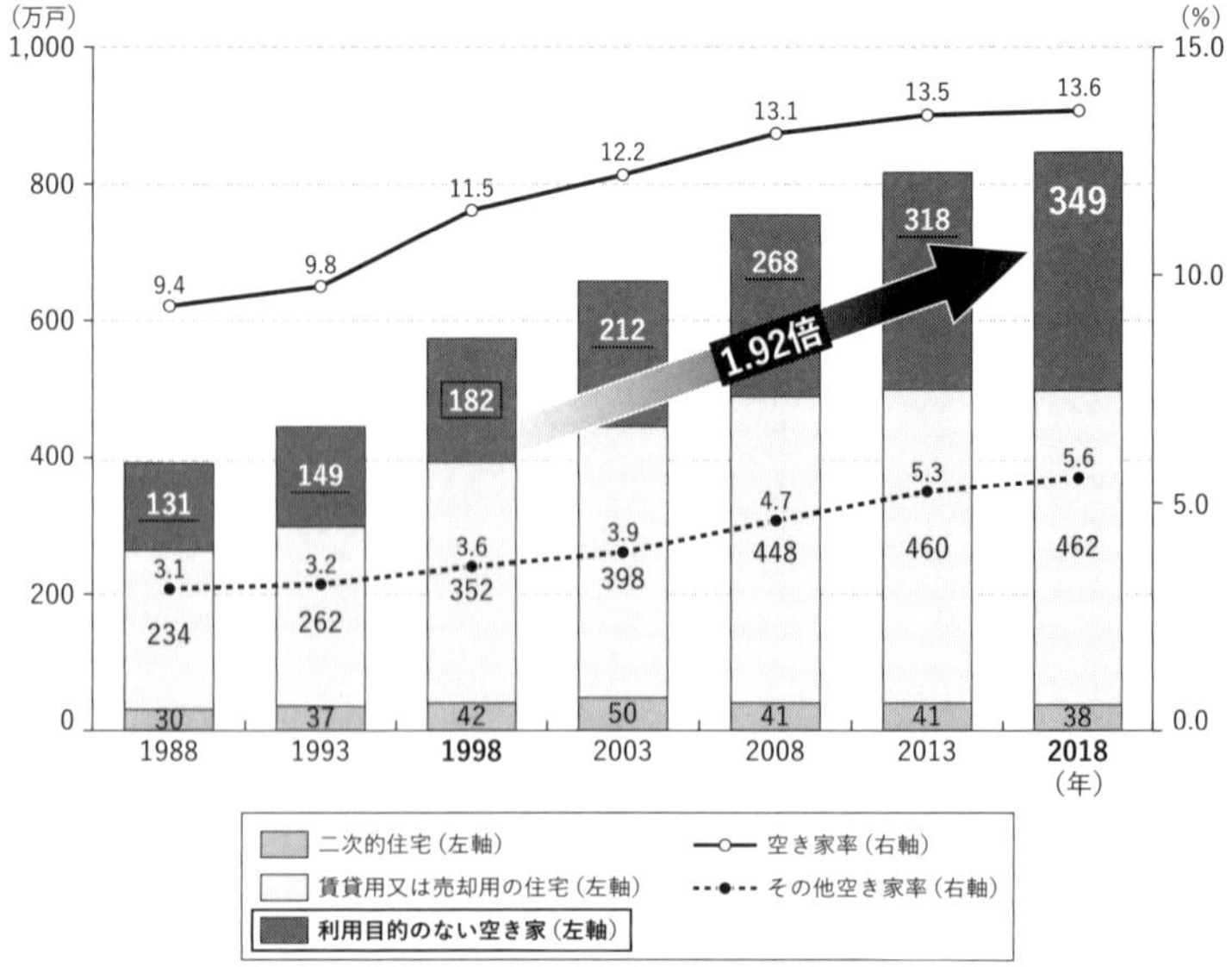

出典）平成30年住宅・土地統計調査（総務省）

［空き家の種類］
二次的住宅：別荘及びその他（たまに寝泊まりする人がいる住宅）
賃貸用又は売却用の住宅：新築・中古を問わず、賃貸又は売却のために空き家になっている住宅
利用目的のない空き家：上記の他に人が住んでいない住宅で、例えば、転勤・入院などのため居住世帯が長期にわたって不在の住宅や建て替えなどのために取り壊すことになっている住宅など

の部分は、賃貸または売却する気があって空き家になっている住宅です。

ネックなのは一番上の部分です。使う見込みがない空き家で、二〇一八年には三四九万戸となっています。これはけっこうとんでもない数字です。この居住目的のない空き家を、いろいろ知恵を出し合ってなんとかしなければならない。今、日本はこういう状況に置かれているわけです。

和田 居住目的のない空き家は、どんな家が多いのですか？

石井 戸建てが多いんですよね（図6－①）。それから、「空き家の建設時期」（図6－③）にありますように、古い家が多い。四分の三以上もの家が、一九八〇年（昭和五五年）より前に建てられたもので、おそらく新耐震基準を満たしていないのです。

その中でも、終戦直後の一九五〇年（昭和二五年）以前に建てられた家が二二パーセントもある。この本のテーマは空き家活用ですが、これはさすがに活用は難しく、除却だろうなと思いますね。当然、個々の空き家の状況で異なりますから、物的状態を一戸ずつ見ていくのが正しいのですけれども、数字からもボリュームからも、除却をしっかりやっていかなければならないというのは見えています。それでつくられたのが、二〇一四年に公布された空家特措法だったわけです。

②　利用目的のない空き家のうち、腐朽・破損あり等の住宅の推移

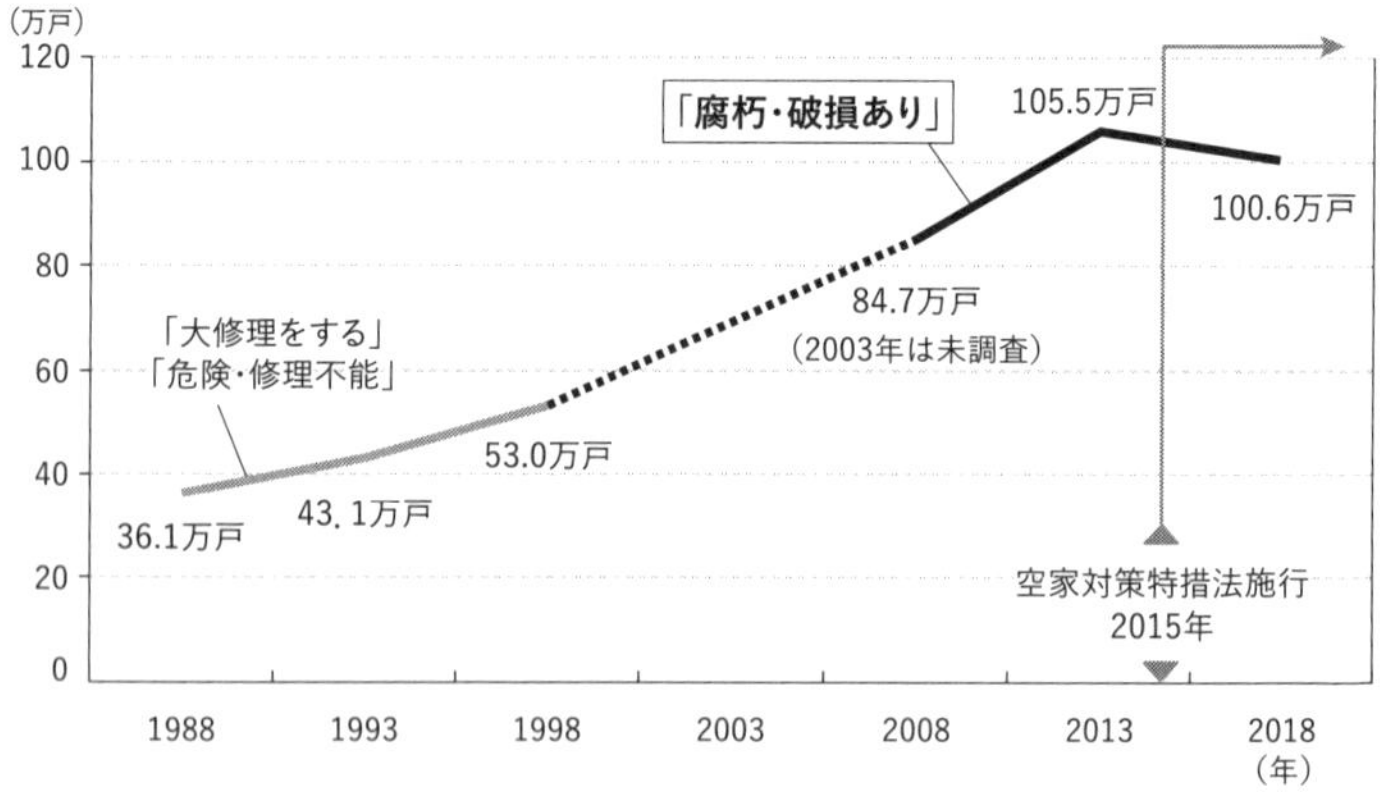

349万戸のうち、**「腐朽・破損あり」のものも約101万戸**あるが、簡単な手入れによって有効活用が可能なものも多い。

出典）平成30年住宅・土地統計調査（総務省）

③　空き家の建設時期

（空き家所有者に対する調査、利用現況が売却用、賃貸用及び別荘・セカンドハウスとなっているものを除いたもの、n=2,065）

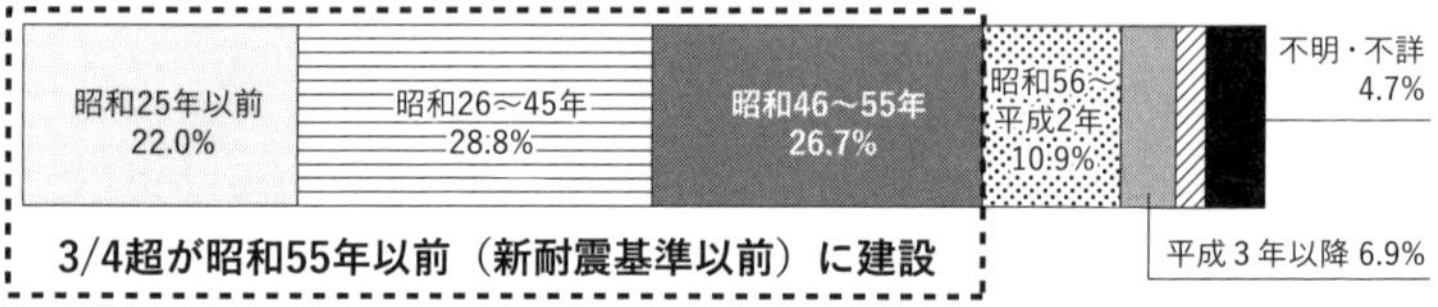

出典）令和元年空き家所有者実態調査(国土交通省)

図 6　利用目的のない空き家の現状

①　利用目的のない空き家の建て方・構造別の個数・割合

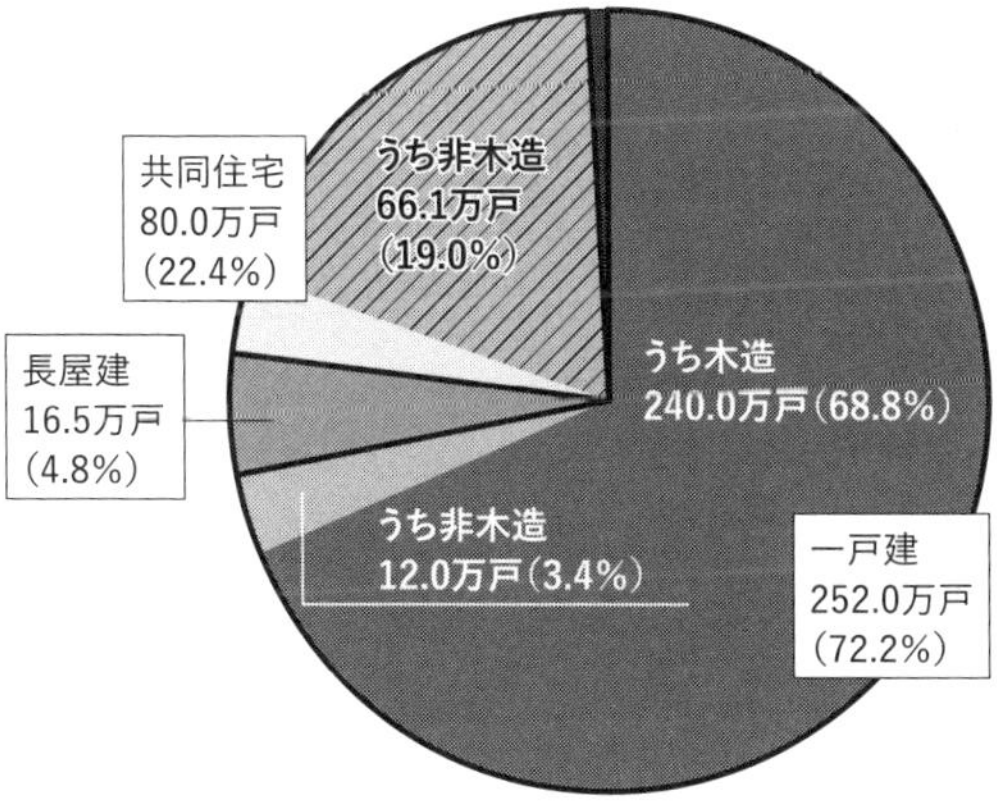

「利用目的のない空き家」（349万戸）の内訳は、**一戸建てが 7 割以上**を占め「一戸建（木造）」（240万戸）が最も多くなっている。

出典）平成30年住宅・土地統計調査（総務省）

石井秀明さん（左）と筆者（右）

最初の空家特措法の中身を一言でいうと、除却に関して市区町村のみなさま方に少し活躍していただこうということで、特定空家等の指導から、行政代執行の仕組みが入ったものになっています。

住民に対する悪影響を問題視

和田　行政代執行について、分かりやすくご説明ください。

石井　この法律の主眼は、空き家そのものというよりも、周囲の住民に迷惑をかけていることを問題視しているところですね。公共性に関して「悪」になっている家については、助言または指導から、勧告、命令、それでも従わなければ行政代執行までができる。行政代執行というのは、家の持ち主が命令された義務を果たさなければ、行政が代わりに強制執行して、費用を徴収するというものです。このことが、「特定空家等に対する措置」(一四条一~一五項)に明示されています(158ページ図7右下)。

ただ、法律が施行されて実際にやり始めると、現場にいるみなさんから「もっとこうした方がいいのではないか」といったご意見が出てくるわけです。もう施行から八年経ちましたから、その間に国土交通省にもいろいろな方面からの声が届いているんですね。特に中心となっている除却は、空家特措法を回していく中でさまざまな問題が指摘されています。

私は空家特措法ができた四年後にこの担当をしていたんです。そのときにみなさんからのいろいろな意見をいっぱい聞きました。ちょっと自己紹介めいた話をしますと、私も市区町村勤務の経験が七年ほどあって、実は代執行もやったことがあるんです。代執行、けっこう大変ですよね。もう勘弁してくれと思いました。

それから、緊急時の代執行。市民のみなさんから「あの空き家の外壁がグラグラしている」などという通報があると何らかの対応が必要となるわけですが、処理す

○空家等及びその跡地の活用（13条）

・市町村による空家等及びその跡地に関する情報の提供その他これらの活用のための対策の実施

○財政上の措置及び税制上の措置等（15条）

・市町村が行う空家等対策の円滑な実施のために、国及び地方公共団体は、対策実施に要する費用の補助、地方交付税制度の拡充等を行う
・このほか、今後必要な税制上の措置等を行う

特定空家等

○特定空家等に対する措置（14条1～15項）(※)

・特定空家等に対しては、除却、修繕、立木竹の伐採等の措置の助言又は指導、勧告、命令が可能
・さらに要件が明確化された行政代執行の方法により強制執行が可能

※附則「施行5年経過後に、施行状況を勘案して検討等を行う」を踏まえ、特定空家等の判断基準の明確化・空家等対策を支援する民間主体活用の明示化など、**基本指針や特定空家等ガイドラインの改定の運用改善を実施**（令和3年6月）

図7　現行）空家等対策の推進に関する特別措置法（概要）

背景

○平成25年時点での空き家は全国約820万戸と増加の一途であり、多くの自治体が空家条例を制定するなど、空き家対策が全国的に課題

○適切な管理が行われていない空家等が防災、衛生、景観等の地域住民の生活環境に深刻な影響を及ぼしており、地域住民の生命・身体・財産の保護、生活環境の保全、空家等の活用のため対応が必要（1条）

定義

○「空家等」とは、建築物又はこれに附属する工作物であって居住その他の使用がなされていないことが常態であるもの及びその敷地

○「特定空家等」とは、以下の空家等をいう

①倒壊等著しく保安上危険となるおそれのある状態

②著しく衛生上有害となるおそれのある状態

③適切な管理が行われないことにより著しく景観を損なっている状態

④その他周辺の生活環境の保全を図るために放置することが不適切である状態

施策の概要

空家等

○「基本指針・計画の策定等（5～8条）

・国は、空家等に関する施策の基本指針を策定

・市町村は、国の基本指針に即し空家等対策計画を策定、協議会を設置

・都道府県は、市町村に対して技術的な助言等必要な援助

○空家等についての情報収集（9～11条）

・市町村長は、法律で規定する限度において、空家等への立入調査が可能

・市町村長は、空家等の所有者等を把握するために固定資産税情報の内部利用が可能

・市町村は、空家等に関するデータベースの整備等を行うよう努力

○所有者等による空家等の適切な管理の促進（12条）

・市町村は、所有者等による空家等の適切な管理を促進するため、必要な援助

るのにさんざん苦労した経験があります。

さまざまな声がある中で、一昨年になりますが、前の空家特措法の中でできるようにというので、ガイドラインを見直しましたが、やはり法律を変えることにより制度的に対処する必要があることについて対応したのが、今回の法改正です。

空き家の活用を促す

和田　今回の空家特措法改正のポイントは、どのあたりにあるのでしょうか。

石井　「特定空家等の除却を促していく」というのが、以前の空家特措法だったわけです。ただ、写真を見るとお分かりいただけるように、このような老朽化した特定空家等の数が半端ないんです。自治体のみなさんがかなり頑張ってくださったおかげで、何十万戸かの除却が進んでいます。

もはや、人に迷惑をかけるほどの状態になる前に、空き家の問題をなんとかしないといけない。ボロボロになって倒壊する前に、ちょっと管理がよくないねという段階でなんとかする手立てが必要なんじゃないか。それからさらにその前の、いずれ特定空家等になるというルートに乗ってしまわないように、空き家が発生したと

図 8　空き家問題への制度的対応を求める自治体の声

1. 活用

（1）**区域を絞った重点的な対策**

・**空家等が集中し、商業集積等の機能を阻害**している地域において、**重点的に対策**を講じられないか。

・**未利用、管理不全の建物**について**譲渡や利活用を促進**するため、例えば、一定の区域内で諸税を重課するなどの対応ができないか。

・空家等の活用にあたってネックとなる**規制の緩和**などを行えないか。

（2）**民間主体の活用**

・市区町村のマンパワー不足に対応するため、空家等の管理、活用対策に取り組む**NPOや不動産事業者等の民間主体との連携**を促す仕組みや情報共有の円滑化が必要。

2. 管理・除却等

（1）**所有者等による管理責任の強化**

（2）**特定空家等の発生予防**

・特定空家等となる一段階前での**所有者等への対応**や、**固定資産税の住宅用地特例の解除**など。

（3）**財産管理人の選任申立権の市区町村への付与**

・債権を有している空家等や特定空家等でなくとも、特に必要があると認めるときは、**市区町村が財産管理人の選任申立てをできるようにする。**

（4）**緊急時の代執行**

・**緊急時に迅速な代執行を可能**とするなど、特定空家等に対する措置をさらに円滑に行えるようにする必要。

特定空家等
（老朽化が進み、倒壊等の危険性大）

適切に管理されていない空家等
（雑草が繁茂、屋根の一部が欠損）

3. 所有者探索

（1）**所有者探索のさらなる円滑化**

・自治体が空家所有者の特定をさらに効率的に行えるよう、**行政や公益企業が保有する情報を一層活用**できるようにする必要。

きに活用を促したほうがいいのではないか、というのが今回の空家特措法の改正の主眼です（図8・9）。

ここで大切なのは、空き家の活用は「まちづくりの視点」で考えていかなければならないということです。私は空き家の担当をする前には、都市計画の仕事をしていました。立地適正化計画を作成してコンパクトシティを進めてくれと言って、全国の市区町村を行脚《あんぎゃ》していたこともあるんですね。その経験から、空き家の活用については……先に一言、ちょっと暴論になるんですが、いいですか？

和田　どうぞどうぞ。

石井　空き家の活用というのは、役所の仕事ではないんです。極論ですけど、空き家の活用は不動産屋に任せましょう。じゃ、なんで法改正したのか、と言われるかもしれませんけれど、空き家の活用には、まず現前に不動産市場がある中で、役所がそこに少しでもインパクトを与えていく。手伝っていく。それには何ができるか、という視点で考えなければならない。それだけは、最初に申し上げておきたいです。

和田　おっしゃるとおりですね。僕たちのような民間にも任せていただく部分があるということですね。

図９　空家特措法改正の背景・必要性について

背　景

○**居住目的のない空き家**は、**この20年で約1.9倍**に増加。今後、**さらに増加**する見込み。

○現行法（平成26年制定）は、緊急性に鑑みて、周囲に著しい悪影響を及ぼす空き家（**特定空家**）**への対応**を中心に制度的措置を定めている。

➡特定空家になってからの対応は限界。

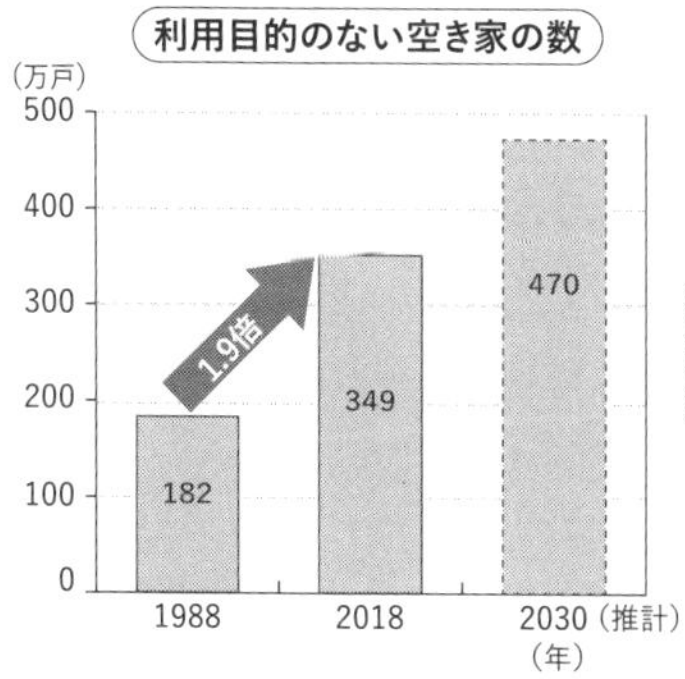

出典）平成30年住宅・土地統計調査（総務省）

方向性

「活用拡大」
「管理の確保」
「特定空家の除却等」
の**３本柱**で対応を強化

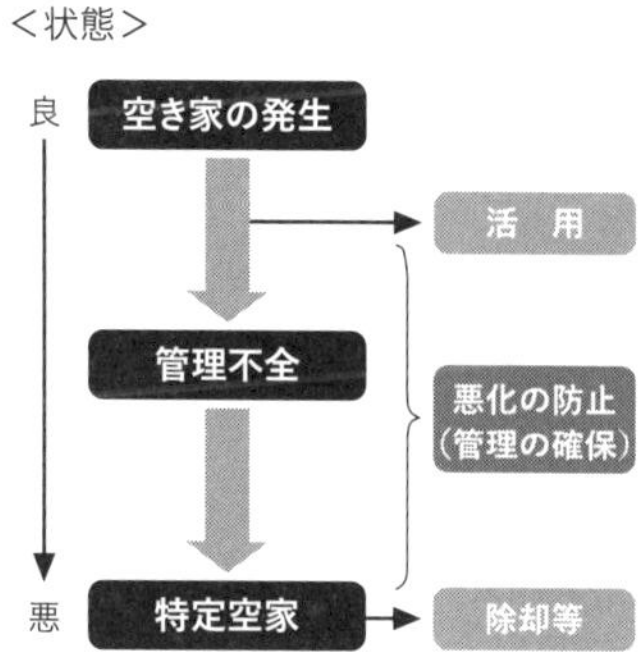

所有者責務の強化	（現行の「適切な管理の努力」に加え、） **国・自治体の施策に協力する努力義務を追加**

【改正法第５条】

空家等活用促進地域の仕組み

石井　では、空家特措法改正の説明に入ります。「こんな状況があるから、こんな改正をしたよ」という説明をしますね。

まず一つ目は、「空家等活用促進区域」という仕組みを盛り込んだことです（図10）。これはまちづくりの視点です。エリアに注目した空き家政策が必要である、と感じている自治体の方もけっこういらっしゃるんじゃないでしょうか。郊外の住宅団地などでは、人口ピラミッドがひどいことになっています。住んでいるのがお年寄りばかりになっていて、少しずつ抜けて空き家になっていく。若い人は入らない。するとバスの便数も減っていく。空き家集中地区は、典型的なまちづくりの問題となっています（169ページ図11）。

このような目線で見ていくと、中心市街地も、もう二〇年も三〇年も空き家（空き店舗）が集中して、ずっと「シャッター商店街」という問題になっています。これも一つの空き家問題です。ここでお断りをしておくと、空家特措法は、住宅ばかりではなく建築物全体を対象とする法律なんですね。

先ほど、空き家活用は不動産屋の仕事、と乱暴に言いましたが、行政の役割は、行政と不動産屋さんの世界がうまく掛け算となるような政策をしていくことです。市区町村に空き家の活用の取り組みについてアンケートを取ると、「移住・定住」がトップに出てきます（170ページ図12）。「二地域居住・多地域居住」は、最近では「移住・定住」とセットで語られますが、これらは行政側の空き家活用の大きな関心事になっています。

空き家が集中するエリアがあると言いましたが、できればそういったエリアを指定して、そこに集中的に政策を施していきます。歴史的街並みを活用したエリアなどでは、空き家ができて歯抜けになってしまうと、せっかくの街並みの景観が悪くなってしまいます。また、建築基準法以前から建っているような古い建物だと、接道が取れない。また、住宅系の用途で都市計画が決まっているために、店舗などに変えようとすると用途規制に引っかかってしまいます。今回の空家特措法改正では、こういった問題も空家等活用促進区域の仕組みで規制合理化ができるようにしました。

改正概要①（空家等活用促進区域の指定）　【改正法第７条第３項、第４項】

○市区町村は、**中心市街地や地域再生拠点等の区域**のうち、空き家の分布や活用の状況等からみて、空家の活用が必要と認める区域を、**「空家等活用促進区域」**として区域内の**空家の活用指針**とともに「空家等対策計画」に定め、**規制の合理化等の措置**を講じることができる。

○区域内では、**活用指針に合った空き家活用**を市区町村長から**所有者に要請**することが可能（要請時には、市区町村長は、必要に応じて当該空家の権利の処分に係るあっせん等を行うよう努める）。【改正法第16条第１項、第２項】

〔空家等活用促進区域として指定されることが想定される区域〕
【改正法第７条第３項第１号～第５号】

・**中心市街地**（中心市街地の活性化に関する法律第２条）
　例：空家等を商店街の店舗として活用することにより、中心市街地がエリアとして有する商業機能・都市機能の向上を図る。
・**地域再生拠点**（地域再生法第５条第４項第８号）
　例：空家等を移住者用交流施設として活用することにより、移住ニーズに対応し、生活サービスの維持・確保等を図る。
・**地域住宅団地再生区域**（地域再生法第５条第４項第11号）
　例：空家等をスタートアップ企業によるオフィス使用や、ネット通販の配送拠点として活用することにより、地域コミュニティの維持を図る。
・**歴史的風致の維持・向上を図るための重点区域**（地域における歴史的風致の維持及び向上に関する法律第２条第２項）
　例：空家等を周囲の景観と調和する形で観光施設として活用することにより、観光振興や、歴史的風致の維持・向上を図る。
・上記のほか、市区町村における経済的社会的活動の拠点としての機能を有する区域として**省令で定める区域。**

図10　空家等活用促進区域（その1）

背景

○中心市街地や地域再生拠点など、**地域の拠点となるエリア**に**空き家が集積**すると、当該**地域の本来的機能を低下させる**おそれ。

○また、古い空き家を活用する上で、**建築基準法等の規制がネック**になっているケースもある。

➡市区町村が**重点的に空き家の活用を図るエリア**を定め、**規制の合理化等により空き家の用途変更や建て替え等**を促進する必要。

空き家の一定の地域への集中状況（N=969）

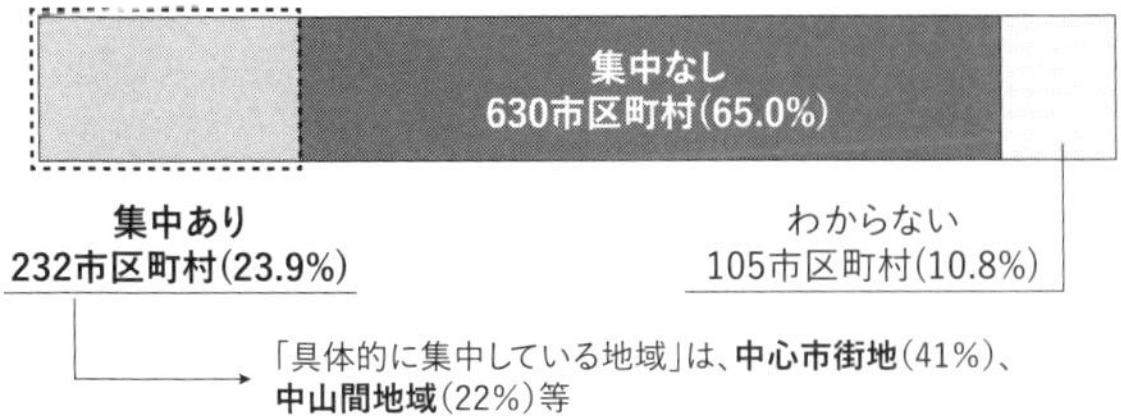

出典：令和３年度「今後の空家等対策に関する取組の検討調査」結果

○**空家等の利活用を促進したい地域がある**と回答した市区町村は**1／3超。**具体的には、**中心市街地**での意向が多いが、**郊外住宅団地**や**観光の振興を図りたい地域**などでも**意向がある。**

○中心市街地、密集住宅市街地、郊外住宅団地は、**実際に空き家が集中する地域**と**利活用意向のある地域**の**いずれにおいても上位回答**となっている。

空家等の利活用を促進したい地域の有無(N=969)

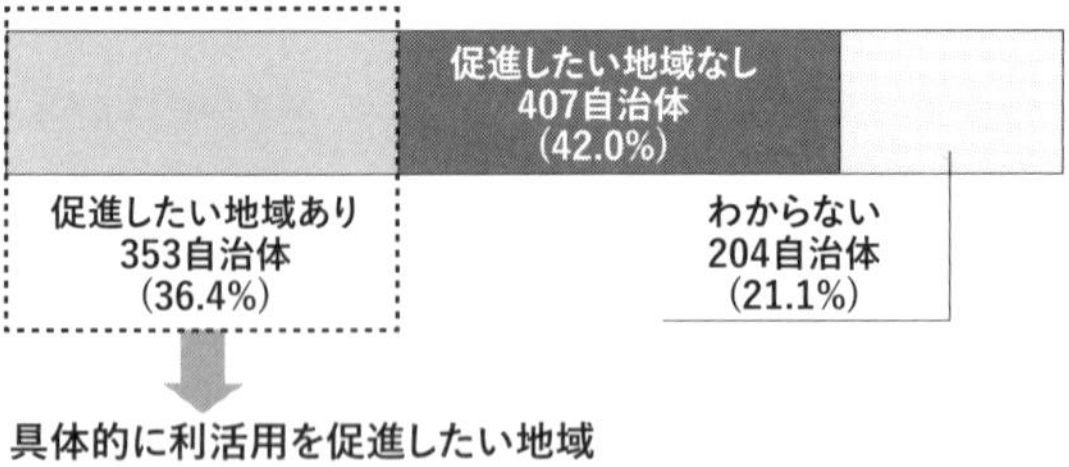

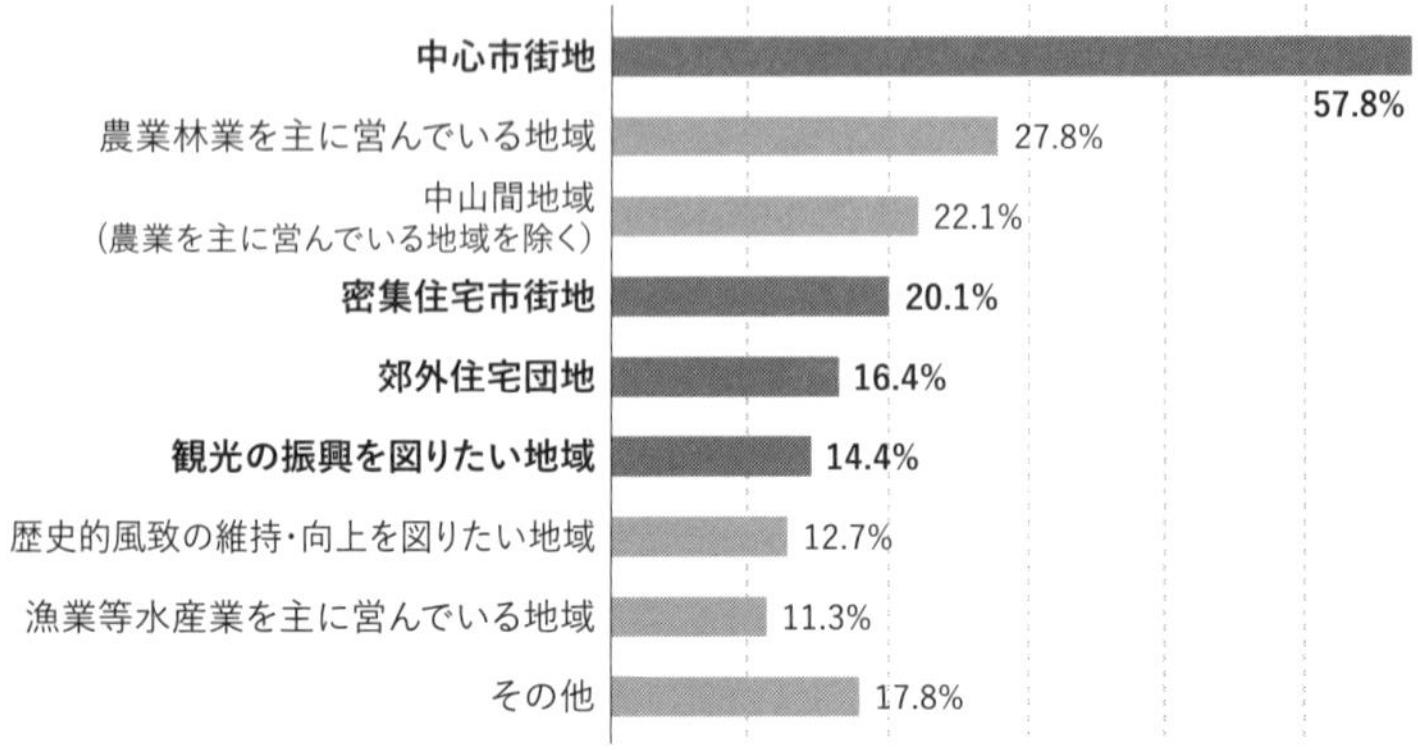

出典：令和３年度「今後の空家等対策に関する取組の検討調査」結果（調査対象：全国空き家対策推進協議会会員 市区町村会員（N=969））

図11　空き家の集中状況と取組意向

○**一定の地域に空家等が集中している**、とする市区町村が**約1／4**。具体的には、**中心市街地**、**密集住宅市街地**、中山間地域、**郊外住宅団地**などに集中。

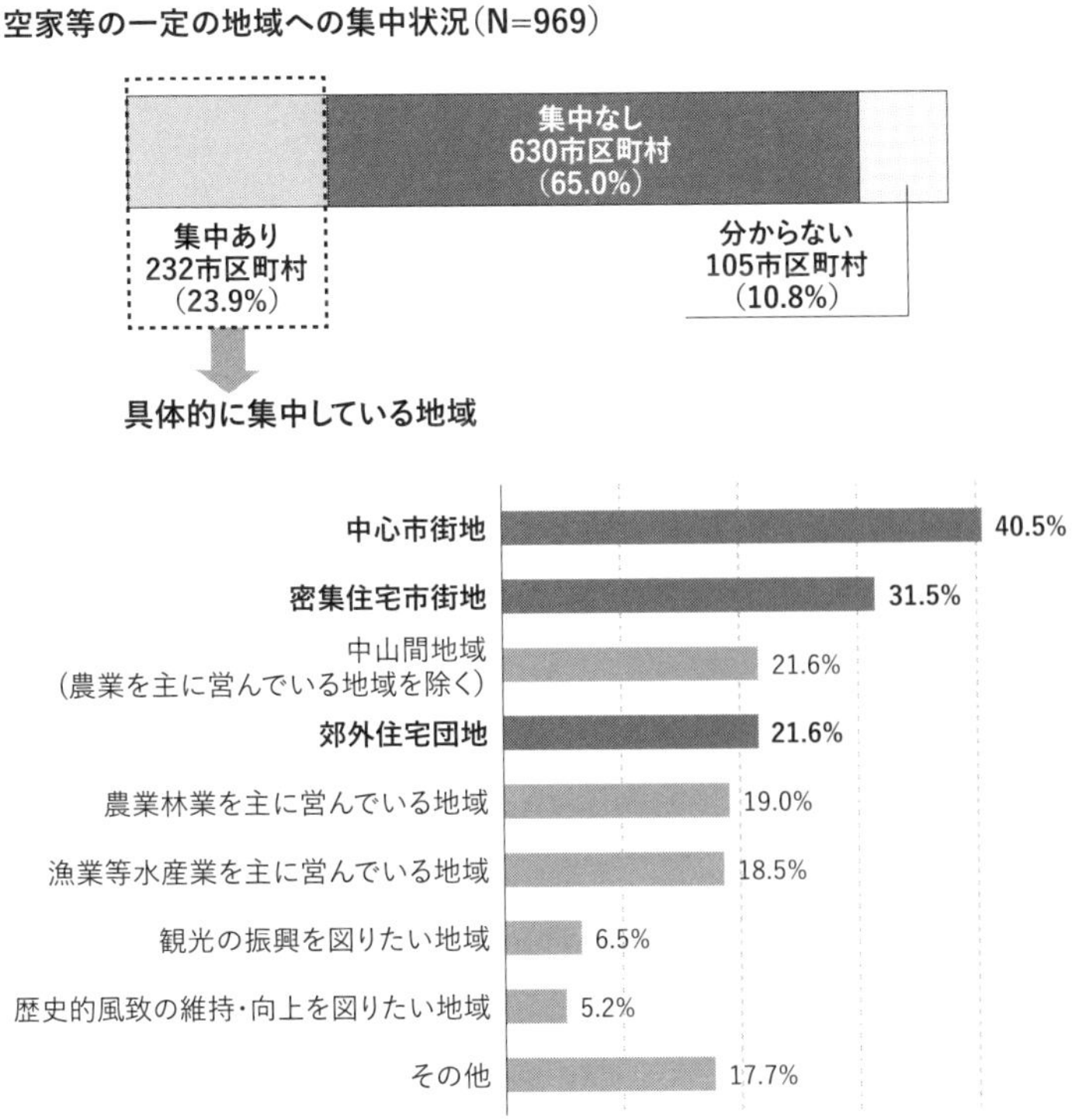

図12　市区町村による利活用の取り組み

○**さまざまな政策の一環**として**空家等の利活用**に関する取り組みを実施している市区町村は**約8割**。

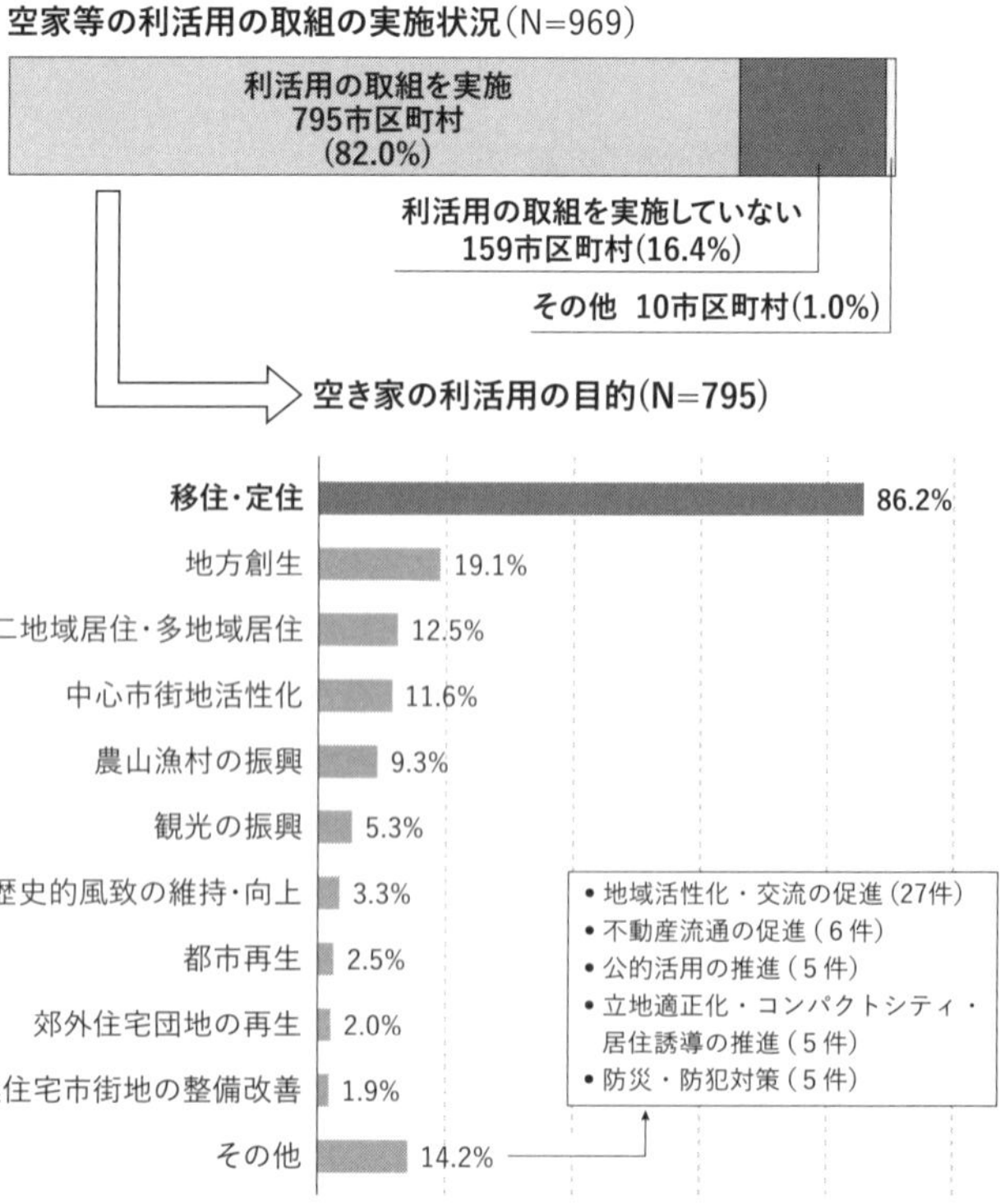

○具体的には、「**移住・定住**」や「**二地域居住・他地域居住**」の促進のほか「**地方創生**」や「**中心市街地活性化**」を目的とする政策の一環で、空家等の利活用の取り組みを実施している自治体が多い。

出典：令和３年度「今後の空家等対策に関する取組の検討調査」結果（調査対象：全国空き家対策推進協議会会員　市区町村会員（N=969））

地域に足りない用途の建物がつくれるように

和田 僕も今回の法改正はかなり画期的だなと思っていました。除却だけでは対応しきれないと考えて、国の方針として利活用に視点を移してきたわけです。モデル特区のような、半径何キロ以内とか、範囲の指定のような協議はこれから進んでいくのでしょうか。

石井 これは都市計画的な地域や地区の設定の話に近いと思いますね。ある種の重点地区ですね。そう考えると、私の個人的なアイデアですが、いきなり広い範囲に空家等活用促進地域をかけることもないのかもしれないなと思うんです。

和田 そうですよね。

石井 例えばですが、ここだけは何とかしなければ、というところからかけて、そこでの取り組みをチェックしながら他の地域指定を考えていくという方法もあるかもしれないですね。

和田 商店街などもありますよね。商店街が多いところが空き家で歯抜けになっているので、そこを市区町村で指定して、使って盛り上げていくようなことを僕たちはイ

メージしていたんですが、そんな方向になっているんですか？

石井　そうです。中心市街地活性化法は、国交省も担当省庁ですが、エリアを定めてそこで重点的に活性化のための政策をやっていこうという仕組みです。中活のエリアを定めて、そこに活用促進区域をかけるというのもあるかもしれませんね。

和田　なるほど。

石井　これが先ほどお話しした接道と用途の規制の合理化ですね（175ページ図13）。あわせて調整区域でも用途変更が容易にできるようになっています。

和田　これから第一種低層住居専用地域が大変なことになると思っているんです。第一種低層住居専用地域は、店舗がつくれないなど、やれることが限られていますよね。これも空き家の活用促進区域に特定されたら、店舗をつくってもいいと言えるようになるのですね。

石井　はい。そのかわり、そのエリアの特性は活かし、足りないものは加えてもいいという考え方になりますね。例えば、ニュータウンなどに多い第一種低層住居専用地域には規制があるためにコンビニは建てられないのですが、そういうところにも使ってもらえるようになるのではないでしょうか。何の用途なら建てられるか、というのは決めてもらうというルールになっています。

和田　それを市区町村が決められるということですね。

石井　決められます。ですからエリアの特性を見て、足りないものを作る。「ここではこの用途ならいいですよ」というように使ってもらうかたちになっています。

和田　第一種低層住居専用地域の場合、地区計画というものもあるので、住んでいる人が最初に購入したそのままでやっていきたいという反発が出たりすることもありま

用途規制の合理化＜建築基準法関係＞

【改正法第７条第５項、第９項、第10項、第17条第２項】

＜現行＞

用途地域に応じて**建築できる建築物の種類に制限**※3。

※3 個別に特定行政庁の許可を受ければ、制限された用途以外の用途への変更が可能だが、許可を受けられるかどうかの予見可能性が低いことが課題。

第一種低層住居専用地域

低層住宅のための地域。小規模な店や事務所をかねた住宅、小中学校などが建てられる。

第二種低層住居専用地域

主に低層住宅のための地域。小中学校などのほか、150m^2までの一定の店などが建てられる。

第一種中高層住居専用地域

中高層住宅のための地域。病院、大学、500m^2までの一定の店などが建てられる。

＜改正後＞

市区町村が活用指針に定めた「**用途特例適用要件**」※4**に適合する用途への変更が容易**に。

※4 市区町村が特定行政庁と協議し、特定行政庁の同意を得て設定。

（例）第一種低層住居専用地域で空き家をカフェとして活用することが容易に。

市街化調整区域内の用途変更＜都市計画法関係＞

【改正法第７条第８項、第18条第１項】

＜現行＞

市街化調整区域内では、用途変更に際して**都道府県知事の許可**が必要。

＜改正後＞

空き家活用のための用途変更の許可に際して**都道府県知事が配慮**※5。

※5 空家等活用促進区域に市街化調整区域を含める場合には、都道府県知事と協議。

図13　空家等活用促進区域（その2）

改正概要②
（空家等活用促進区域内で市区町村が講じることのできる規制の合理化等）

空家等活用促進区域内では、次のような規制の合理化等の措置を講じることができる。

接道規制の合理化＜建築基準法関係＞

【改正法第７条第５項、第６項、第９項、第17条第１項】

＜現行＞

建築物の敷地は、**幅員４ｍ以上の道路**に２ｍ以上接していないと**建替え・改築等が困難**※1。

※１個別に特定行政庁（都道府県又は人口25万人以上の市等）の許可等を受ければ建替え等が可能だが、許可等を受けられるかどうかの予見可能性が低いこと等が課題。

【接道義務を満たさない（幅員4m未満の道に接している）敷地のイメージ】

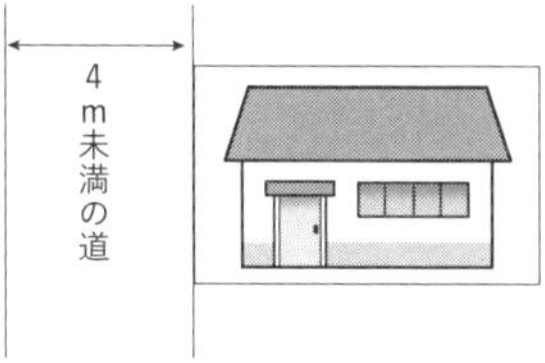

＜改正後＞

市区町村が活用指針に定めた「敷地特例適用要件」※2 に適合する空き家は、前面の道が**幅員４ｍ未満でも、建替え・改築等が容易**に。

※2　市区町村が特定行政庁と協議して、安全性を確保する観点から、省令で定める基準を参酌して、活用指針に規定。

「燃えにくい構造の建築物とすること」「一定規模以下の住宅など多数の避難者が発生するおそれが少ない建築物であること」等を検討中。

すよね。そのあたりはうまく調整していきながら、ということなんでしょうね。

石井　そうですね。今、地区計画という言葉がありましたが、地区計画でも用途緩和はできるんです。なので、地区計画の仕組みを使ってきて、用途緩和をされてきた市区町村であれば、そのときの住民の方々とのやりとりの仕方のプロセスなども参考にしてもいいかもしれませんね。

ニュータウンの周辺部に小さなコアをつくる

和田　ニュータウンの大きなところであったとしても、一部一〇〇軒口くらいの小さなエリアから実行して、うまく活用してやってみる。スモールスタートしてみるというのもいいかもしれませんね。

石井　はい。昔のニュータウンは決まりきったように真ん中に地区センターというごついセンター機能があって、そこだけちょっと緩めの規制がかかっているんです。ただ、住んでいる人が中心部まで行くのが遠くて大変だから、近くにコンビニが必要でしょう。そう考えると、周辺部に小さなコアになるようなところをつくっていくといったまちづくりの考え方を入れないといけないでしょうね。

和田　そうですね。調整区域でも、それができるようになったということですね。

石井　はい。

和田　ありがとうございます。それから、カフェにすることもできるというのは、けっこう大きいことかなと僕は思っています。

空き家になる前に抑制する

石井　空き家ができるのは、やっぱり相続時が多いんですよね（図14-①）。先ほど、今回の空家特措法改正では空き家の活用をクローズアップしていると言いましたが、本当はその前の、発生抑制からなんとかしていきたいんです。ただ、相続というのは誰かがお亡くなりになるということですから、ちょっと難しい。「あなた、もうすぐ死にそうだから、空き家のことを考えてください」って、なかなか言えない。今家にお住まいになっている方々にアプローチしなければなりませんから、さすがに空家特措法の中でやることはできないのが歯がゆいところです。ただ、最近はエンディングノートなども広がりつつあります。「住まいのエンディングノート」「住まいの終活」などを普及・啓発していくことが必要ではないでしょうか。

図14　空き家の取得経緯・所有者の居住地との関係

空き家の取得経緯は**相続時が55%**

①　空き家の取得経緯（N=3,912）

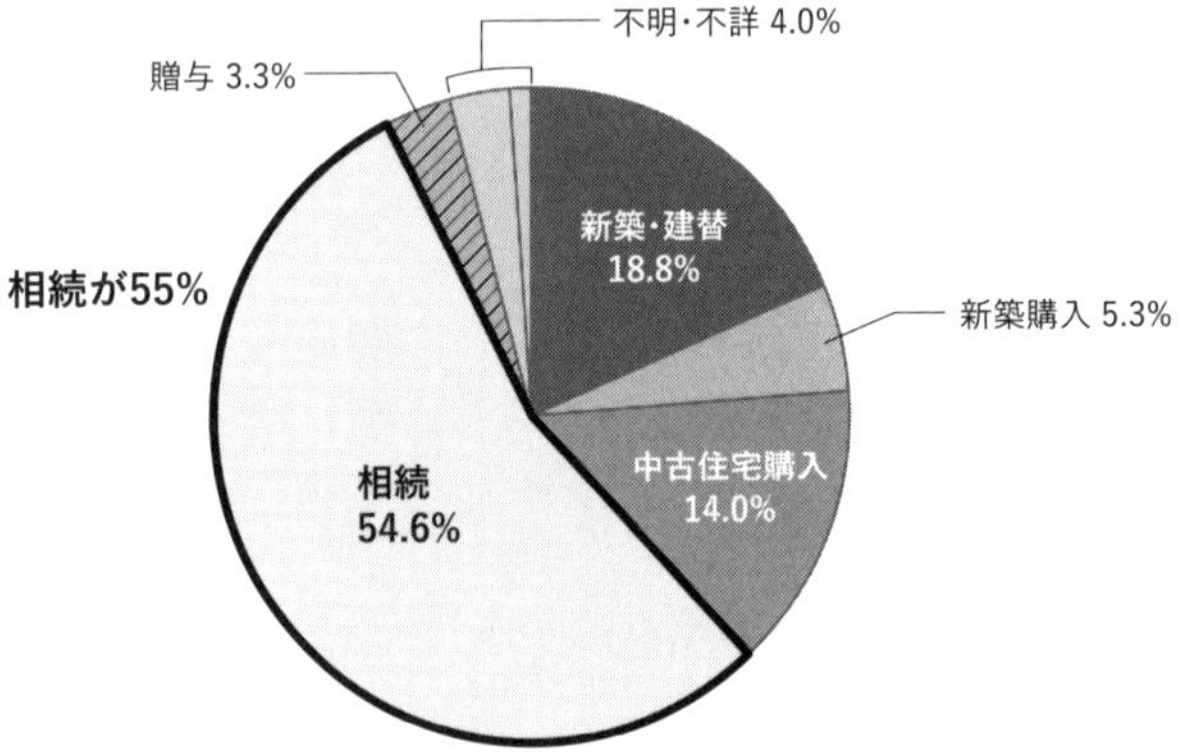

所有者の約３割が**遠隔地に居住**

②　空き家の所在地と所有者の居住地の関係（N=3,912）

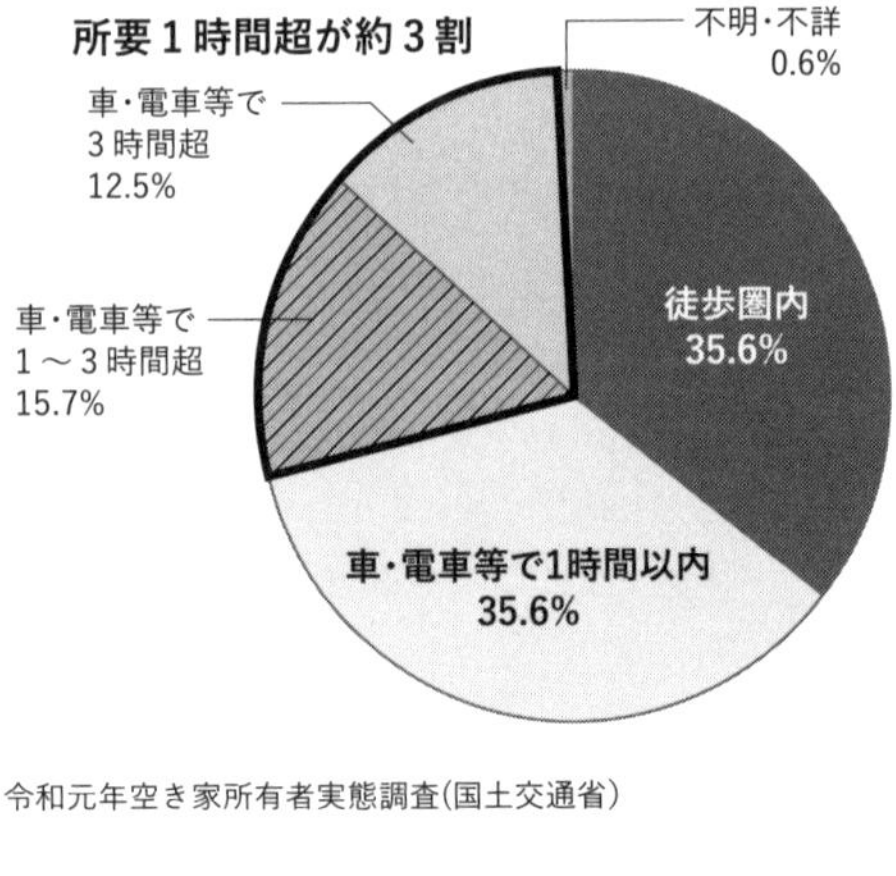

出典）令和元年空き家所有者実態調査（国土交通省）

和田　はい、明治大学の野澤千絵教授が『老いた家　衰えぬ街　住まいを終活する』という本を書かれていますよね。

石井　そう、野澤先生もおっしゃっていますね。空き家問題という問題の重さで、お亡くなりになるということのタブー感を少し外していく。しかも、「住まいのエンディングノート」などとやわらかい言葉でうまく乗り越えていらっしゃるのが素晴らしいと思いますね。なかなか我々の力だけではできないところでもあり、すごく大事なことですよね。

和田　はい、そうですよね。やはり相続する前に、空き家予備軍の人たちに次の世代に残すときの意思決定はしておいていただくというのが、非常に重要なんですよね。ここをどうやっていくか。実際に空き家になったところも大事ですが、空き家になる前に抑制することを、民間と自治体とが一緒にやっていくのが一番よいのではと思っています。

石井　そうですよね。四年前に空き家の担当をしたときには、役所が死亡届を受理した瞬間に、届けを持ってきた人に目隠しをして空き家担当のところに連れて行け、って乱暴なことを言っていたんですよ（笑）。ただ、最近はこれを実際にやっている自治体も出てきているんです。パンフレットを渡すみたいな取り組みが多いのかな。死亡時の手続きと空き家の施策をつないでいくことはアリだと思いますね。そのとき、さらに民間の人につながるといい。そういう場合はどうなんでしょう、司法書士の方などにつないでいくんですかね。

和田 そうですね。今、それこそ相続の大きな窓口として、お亡くなりになられたところで、ワンストップで相談ができるというのはできています。自治体の中でも、相続が発生したとき、司法書士や弁護士の相談会をやられているところは多くなっています。

空き家の場所と所有者が遠い

石井 それから、空き家の所在地と所有者が遠いという問題があります（図14－②）。個人的な話になりますが、私も実家は新潟なんです。父母はまだ亡くなってはいませんが、ともに九〇歳近い年齢です。近いうちに実家が空き家になるんです。徒歩圏とか、せいぜい一時間以内で行けるならいいですが、新潟ですから車や新幹線で三時間以上かかります。まめに管理をしに行くなんてできないですよね。

四年前に調べたときに、ふるさと納税で空き家の管理サービスを返礼品にしているところがあったんです。まさにふるさと納税らしくていいなと思ったんですが、今こうなってくると、自分もふるさと納税の返礼品でやるかどうかは別として、誰かに管理をお願いせざるを得ないという状況ではありますね。

和田　そのときはぜひご相談ください（笑）。

石井　はい（笑）。それから、空き家の利用意向が決まっていないし、何もしていないという人が多い（図15）。空き家のままにしておく理由として、「手間をかけたくない」「特に困っていない」。実は家の周りの人は困っていたりするんですけどね。「物置として必要」。これはちょっと難しいな。セカンドハウス的な面もありますからね（185ページ図16）。

和田　物置と言っている理由が、やはり「面倒くさいから」というような状況ですね。

石井　親御さんのものを放置しているのだとすると、相続のときに手を付けなくて、いつ整理するの？　という話なんですよね。

和田　そういったご相談も多いです。片付けられないので、結局放置しているという方が、世の中にはたくさんいらっしゃいます。

図15　利活用に向けた具体的な活動状況

○将来的にも利用意向のない**「空き家にしておく」**との回答が**約３割**に**上る。**
○将来的な**賃貸・売却の意向**を持っている空き家所有者は**２割超**であるが、**そのうちの約４割**は、実際に**賃貸・売却等に向けた活動は何もしていない。**
○また、将来的な**除却意向**を持つ空き家所有者は**13%**であるが、そのうちの**約３割**が**除却費用の用意について未定**であるとしている。

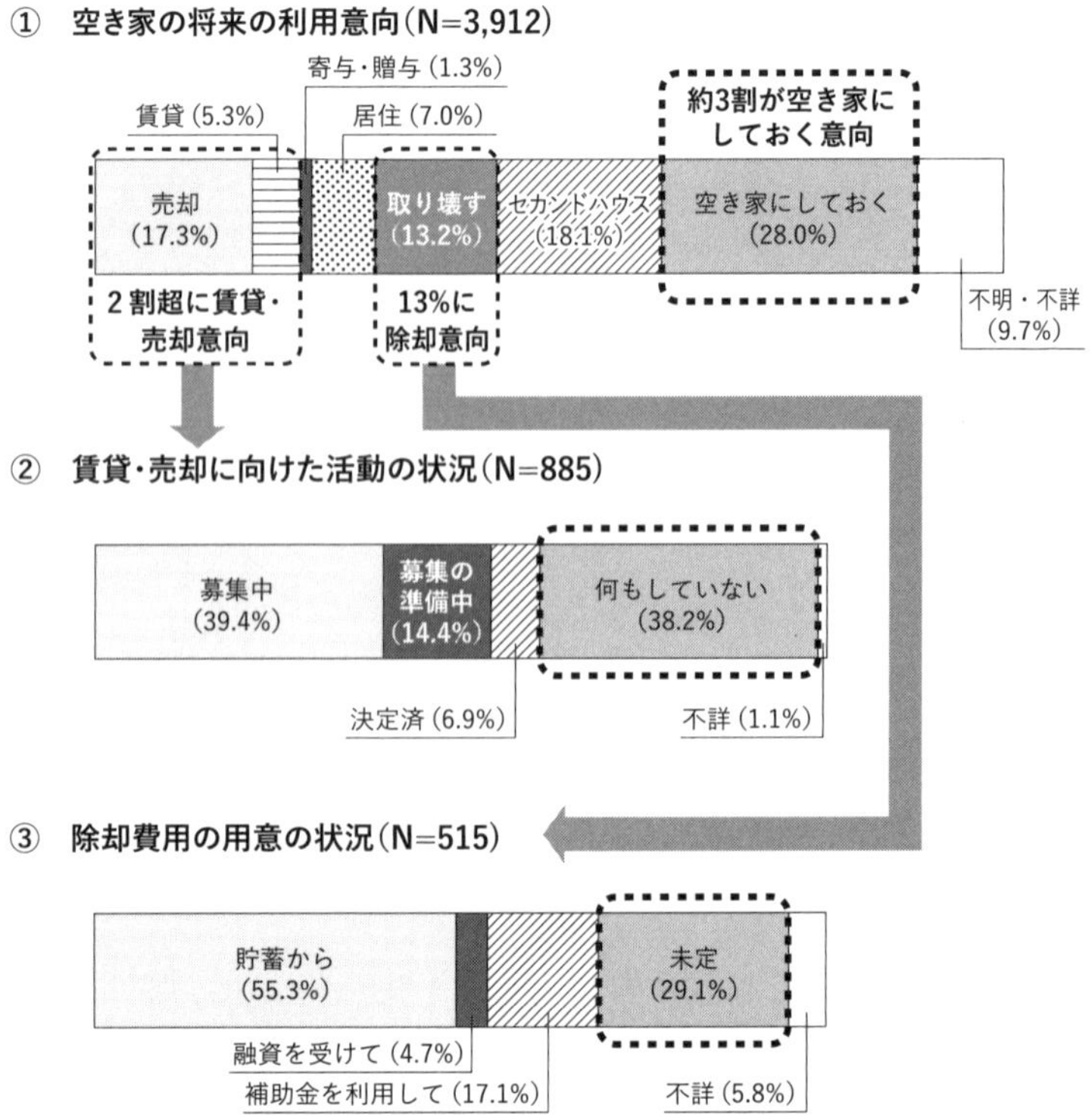

出典）令和元年空き家所有者実態調査(国土交通省)

石井　だからこそ、相続のときにエイヤッとやってしまわないと、その後になるとなかなか難しいですよね。
　これは、空き家を誰に管理してもらっているか（187ページ図17左上）。所有者や同居親族がほとんどです。

和田　そうですね。これも管理できる事業者にお任せするのが一番です。親戚に任せるのも気を遣うんですよね。同居人、同居親族、所有者などと言っていますけど、管理状態を一年に一度見に行くとか、三年に一度しか見に行かない場合でも「管理している」とおっしゃったりするので、そこがなかなか難しいところです。管理できていないのに管理しているというつもりでいるわけで、その意識をちょっと変えていただかないといけないかな、と思います。

空き家の管理のすすめ

石井　これは管理内容のアンケート結果です（187ページ図17左下）。一年に何回家の手入れをするかで、空き家の状態変化が違ってくるんですよね。国は今回の空家特措法改正で、空き家所有者に向けて「こういうふうに空き家を管理してください」

○一方、実際に売却・賃貸を考えている所有者からは、売却・賃貸する上での課題として、**「買い手・借り手の少なさ」**、**「住宅の傷み」**や**「設備や建具の古さ」**があげられている。

空き家を売却・賃貸する上での課題（N=885、複数回答）

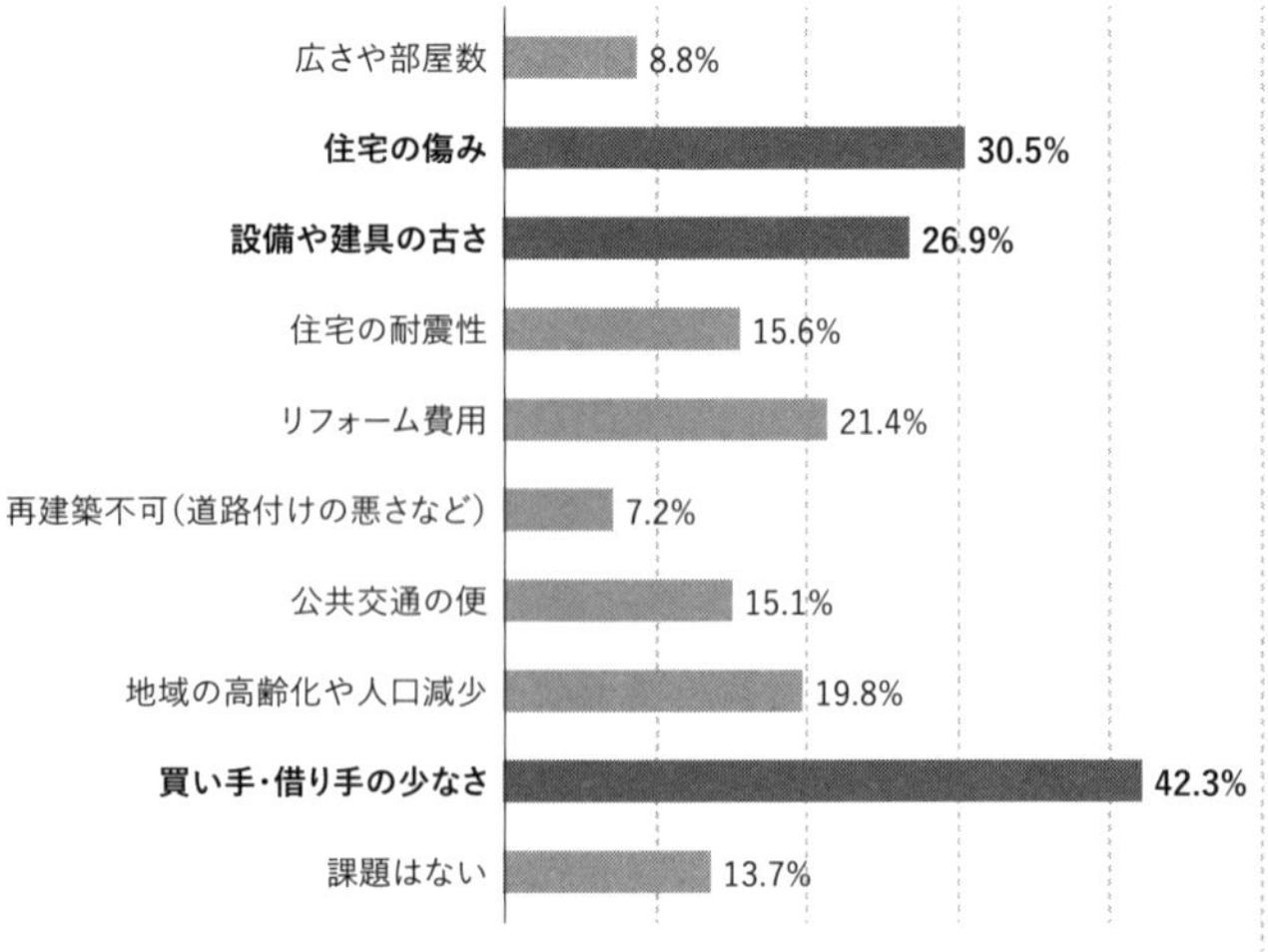

出典）令和元年空き家所有者実態調査（国土交通省）

図16　空き家にしておく理由・利活用上の課題

○空き家にしておく理由として、**「物置として必要」**のほか、利活用を図ろうとしても**「更地にしても使い道がない」「住宅の質の低さ」**や**「買い手・借り手の少なさ」**により空き家となっていることがあげられている。

○また、**「解体費用をかけたくない」「労力や手間をかけたくない」**といった消極的な理由のほか、「特に困っていない」とする所有者も少なくない。

空き家にしておく理由（N=1,097、複数回答）

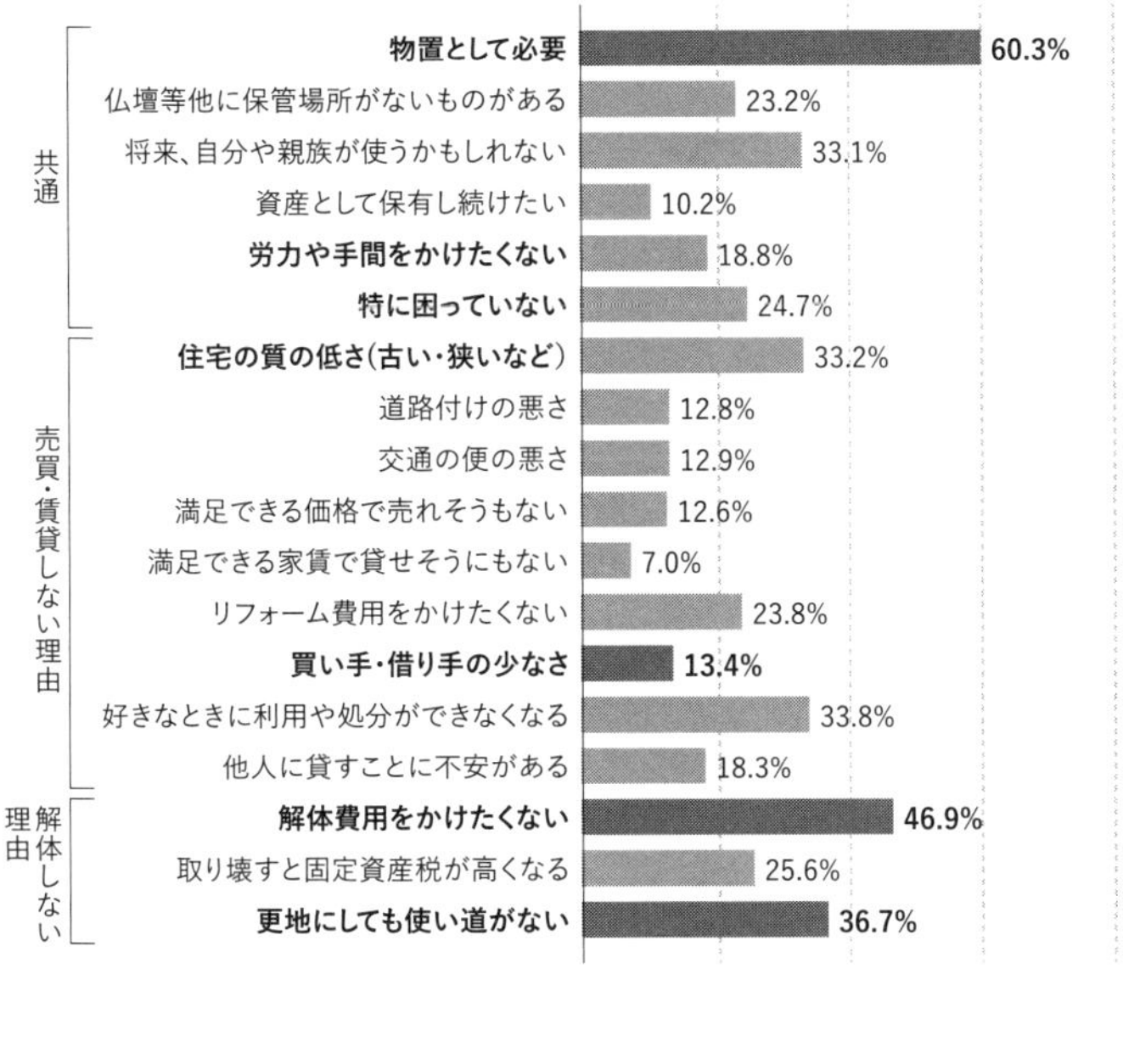

出典）令和元年空き家所有者実態調査（国土交通省）

○所有者の居住地が**遠隔**になるほど、**管理頻度が低くなる。**

所有者の居住地と管理頻度(N=3643)

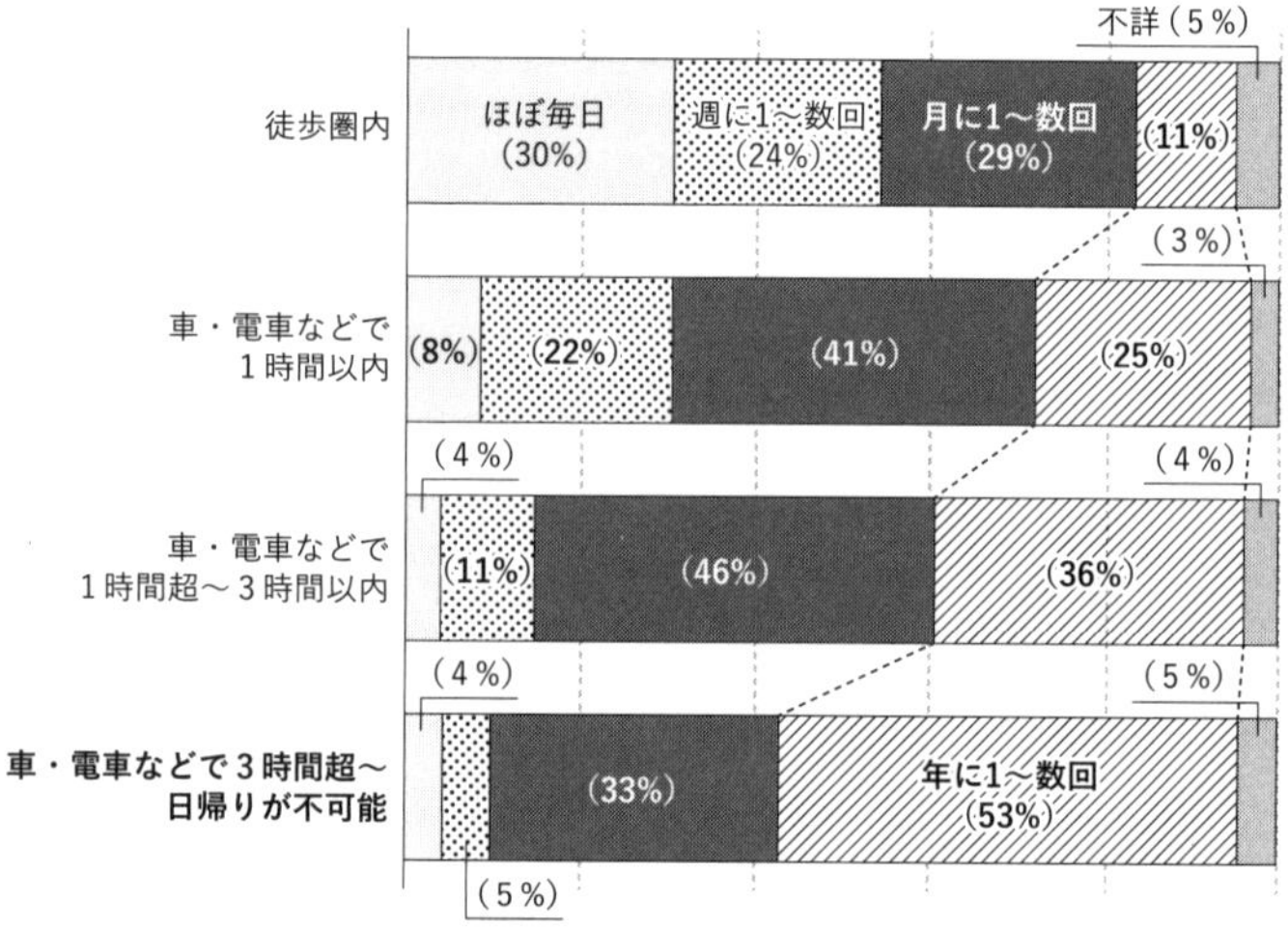

出典）令和元年空き家所有者実態調査(国土交通省)

図17　空き家の管理者、管理内容、所有者の居住地と管理頻度

○空き家の日頃の管理は、専門家である**不動産会社等が行っている**ものは**4%弱**にすぎず、**誰も管理していない**ものが**3%程度**、**所有者自身、親族・親戚または友人・知人・隣人が行っている**ものが**90%**となっている。

○所有者自身、親族・親戚または友人・知人・隣人が行っている**管理の内容**には**ばらつき**があり、**必ずしも十分な管理内容とはなっていない。**

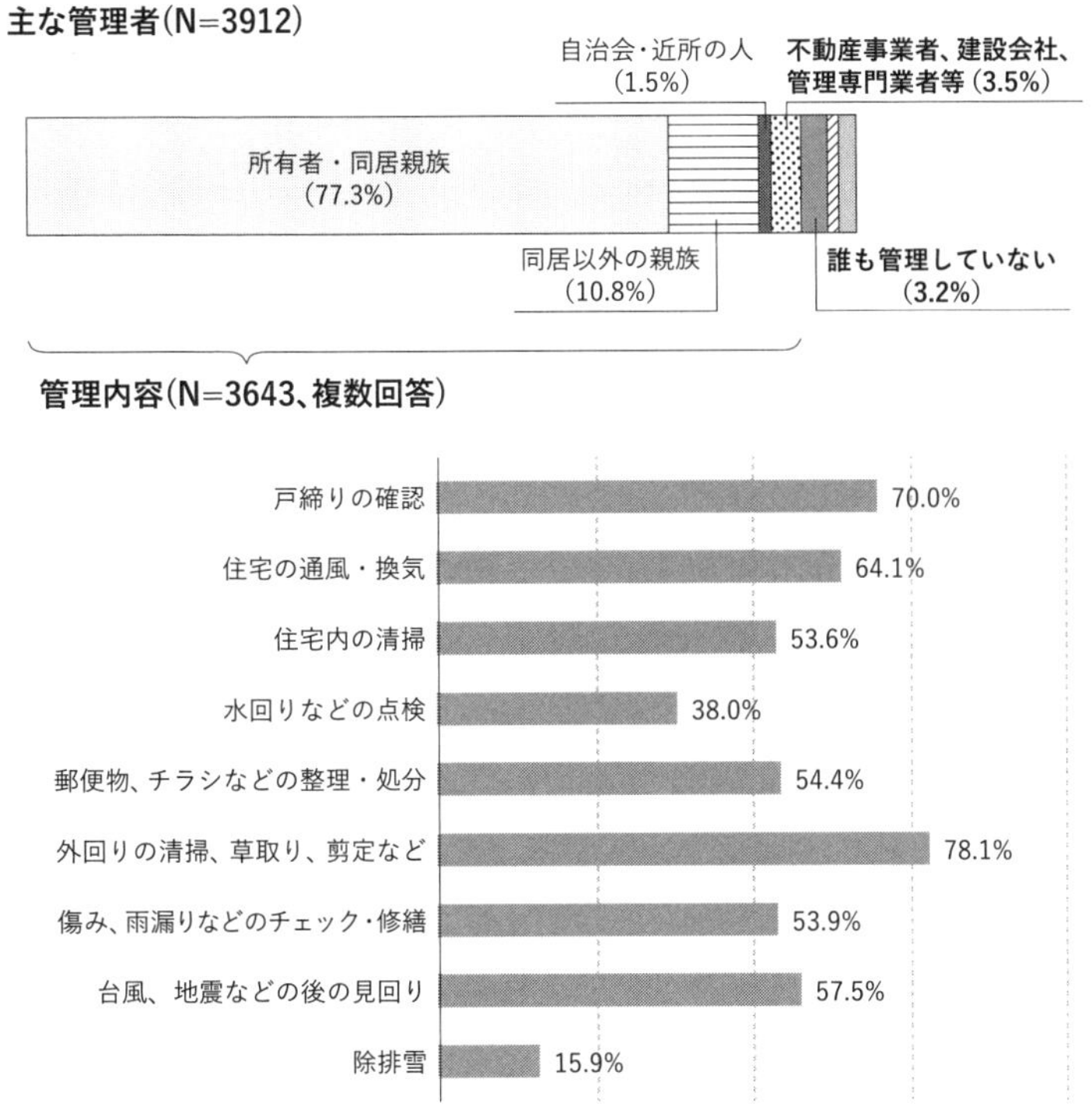

出典）令和元年空き家所有者実態調査(国土交通省)

という管理指針を示すことになったんです。そのための議論をしていると、「こういう手入れをいったい一年に何回くらいするのが適切なんだろう」と。あまり我々が示してしまうと、それが悪いスタンダードになってしまうかもしれないわけで、いったいそんなことを書けるのかということも含めて、今、議論しています。やはり一年に一回を数種類かなと思ったりしています。例えば、梅雨の時期には湿気がこもっているから戸を開ける、夏の暑い時期には風を通す、といったことですね。

和田　季節性のものですね。台風の時期とか、雪の降るころ。雪深いところは雪下ろしをしないと空き家が崩れてしまうので、除雪は年々重要になってきますね。

石井　たくさん雪が降ったあとで、ちゃんと家を見に行く。雪下ろしにも行くなどですね。今、年間を通してのいくつかのポイントを何となく考えてはいるところです。いやすみません、「何となく」なんてボンヤリしてたらいけないな（笑）。

和田　今、議論しているところですか？

石井　議論しているところです。いずれにしても、マメに管理をしようとすると、所有者等の力だけでは難しいかもしれません。

和田　民間の第三者団体の活用が必要ですね。

市区町村と民間が力を合わせて対応

石井　そうですね。やはりマンパワーが足りないんです（図18）。市区町村の方たちも人手不足でしょうけれど、少し舞台裏をお話しすると、実は国でも不足している。私のいる住環境整備室は六人で仕事をしているのですが、法改正をしているときは、急きょ他の部署から四人ほど人をかき集めてやっていました。今は法律が通りましたから元の部署に戻りましたが、今の施行までの準備のために、一人は手伝ってほしいとお願いして兼務で残ってもらったり、住環境整備室の仕事を二つほど他の部署に移してもらったりしました。

○現状、**1／3を超える市区町村で空き家対策業務をアウトソーシング**している（空家等の実態調査、空き家バンクの設置・運営、空き家対策の普及・啓発、等）。
○空き家の適正管理や利活用の業務に、**第三者団体の活用ニーズが高い。**

空き家対策業務に係るアウトソーシングの状況
→342自治体（35.2%）においてアウトソーシングを実施

アウトソーシングされている主な内容
・空家等の実態調査（210自治体）
・空き家バンクの設置・運営（108自治体）
・空き家対策の普及・啓発(105自治体)
・利活用に係る希望者の募集・マッチング（68自治体）
・所有者・相続人の探索・特定（56自治体）

適正管理や利活用に係る第三者団体が活用可能な仕組みは必要と考えるか

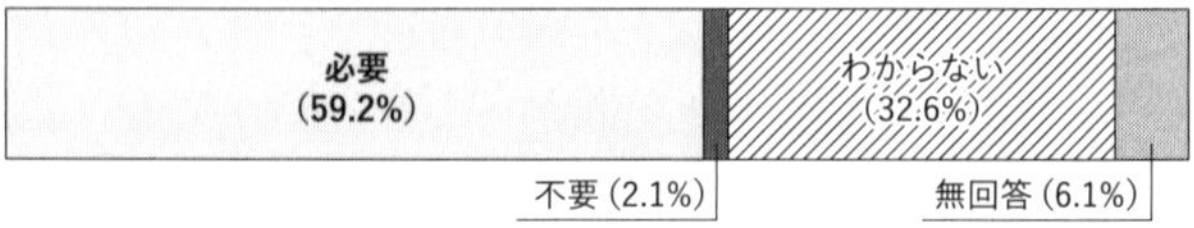

出典）令和３年度「今後の空家等対策に関する取組の検討調査」結果（調査対象：全国空き家対策推進協議会会員 市区町村会員〈N=969〉）

図18　市区町村における体制上の課題と第三者団体の活用

○空き家対策施策を進める上で、**6割以上**の市区町村が空き家担当部署の**マンパワー不足**、**6割近く**の市区町村が**専門的知識の不足**を課題としてあげている。

組織・体制の観点からの課題
（空き家対策に係る各業務実施上の課題）

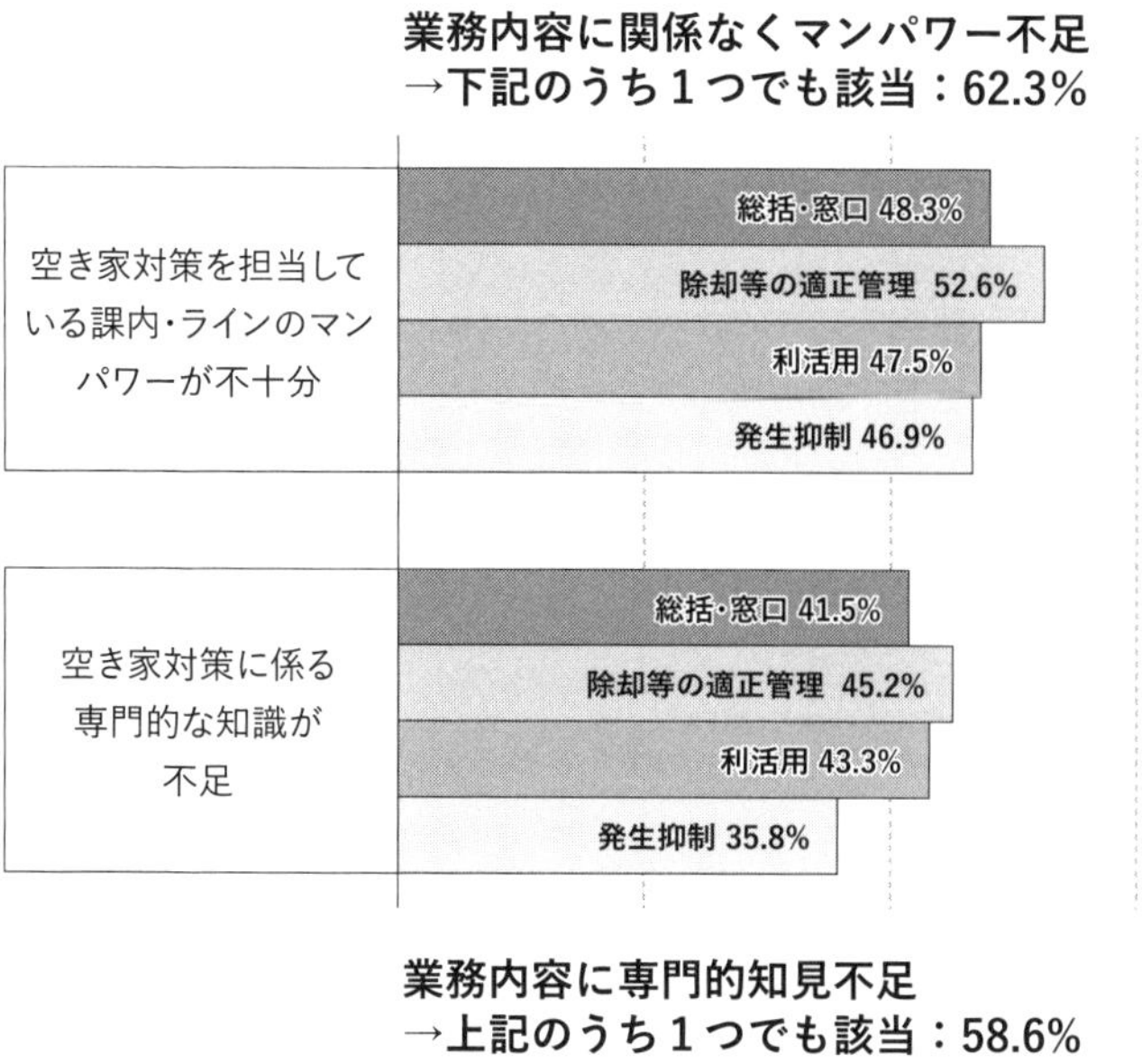

しかも、市区町村のマンパワー不足の状況はもう一〇年近くも続いているんです。もともと市区町村も国も、建築住宅系の部署は建築基準法と公営住宅を担当していたわけです。そこに空家特措法ができたころから、いきなり「空き家もやれ」となった。つまり、民間住宅とか民間建築の仕事も突き付けられた。自分の抱えている公営住宅が何百戸とある上に、民間住宅が増えたとたんに……、

和田　数千戸になりますね。

石井　そうです。いきなりそれに対応できるマンパワーなんて、補充できないです。今、平均の世帯人数は二・四人くらいですから、もし一〇万人の都市だったら、住宅だけでも四万戸くらいある勘定になるわけで、そんな数は抱えきれないのをなんとかしていかなければならない。それを一〇年くらい前に空家特措法ができたころから突き付けられているわけです。それなら民間の力を借りるしかないでしょう。

そこで、二つ目として、空家等管理活用支援法人の指定ができるようになりました（図19）。

和田　今回の特措法の二つ目の大きな改正点ですね。

石井　そうです。二つの視点があって、まずは、最初に言ったように「活用は不動産屋

の仕事」というのであれば、広い意味での不動産関連事業者の方たちがスムーズに仕事ができるように役所との関係をつくってあげよう、という発想です。そして、もう一つが、行政がやるべき仕事を民間にアウトソーシングするという発想です。

例えば、指定管理者制度などは完全に後者の発想ですよね。公共の施設の管理は、本来市町村がやるべきところをアウトソーシングしたというものです。しかし、もう一つの発想として、不動産関連業者がやることに対して役所が協力していくというつながり方があるのではないか、と私はとらえています。

和田　この空家等管理活用支援法人というのは、基本的にNPO法人、一般社団法人、株式会社ですね。こういった人たちを市区町村レベルで指定することができるということですね。市区町村は、一つしか支援法人として指定できないのですか。例えば、活用はこの法人、管理はこの法人、というように複数選べるのでしょうか？

石井　一つしか指定できないということはありません。活用や管理といったテーマごとに、複数法人を指定することも可能です。私の考えですけれど、不動産関連業者の方々も得意不得意があるのではないかと思いますので、分野ごとに違う法人を指定してもいいのではないかな、という感じがしています。

和田　複数の可能性もある。そこも協議しているということですね。

石井　はい。

管理と活用を担う法人に期待

和田　国としては、空家等管理活用支援法人にどうしてほしい、という指標はあるのでしょうか。

石井　やはり管理のところですね。先ほどお話ししましたように、もし私の新潟の実家が空き家になったら、個人的にも誰かに管理を頼みたいです。その担い手が、必ずしも支援法人のかたちでなく純粋な民間ビジネスのままでもいいのかもしれませんけれども、やはり頼む側からすると、信頼できるかどうかというのは気になるところです。所有者の方の目線からは、役所からお墨付きを与えられている団体なら頼みやすいのではないか。法人を指定するのは、そんな効果があるのではないかと思います。

それから、管理と活用とのマッチングです。例えば、お金を出して管理をお願いしていたら、「石井さん、実は買いたいという人が出てきたんですよ」と言って活用につなげてくれる。そうすると、空き家所有者としては非常にありがたい。

和田　そうですね。

石井　そんなふうに管理と活用を担ってくれるような法人が出てきたら、この仕組みも面白いことになるんじゃないかと思うんです。

和田　空家等管理活用支援法人が市区町村に対して、空家等対策計画の策定や提案をする（図19）。財産管理人の選任請求というのは、おそらく除却のことだと思うんですが……。

石井　はい、やってもいいと思います。

和田　なるほど。そして、支援法人が行う業務としては、所有者への情報の提供や空き家の管理、所有者の探索などですね。

石井　所有者の探索などは、法律に明示的に書いてありますね。

和田　そうですね。こういったことをベースに置いて、これから国土交通省としても、政府としても、「こういう法人がいいよね」「こういうふうにしてほしいよね」といったことを、細かく指標に出していくということですか。

石井　そうですね。

指定対象となり得る法人の取組例

事例１：所有者の相談に応じ、空き家の活用を行っている例

・空き家の所有者と活用希望者をマッチングして、空き家活用を推進。
・多様な分野の行政・民間主体と連携して、空き家活用を含むまちづくりの 協議会を開催。

築50年以上の空き家をシェアハウスにした例

事例２：所有者の相談に応じ、空き家の管理等を行っている例

・自治体と協定を締結し、空き家所有者・活用希望者の相談窓口を設置。
・所有者から委託を受けて空き家の定期的な見回り等を実施。
・司法書士等の専門家や不動産事業者等と連携して所有者の相談に対応し、 必要に応じて、不動産事業者等を紹介。

見回り時の目視点検の様子

図19　空家等管理活用支援法人

背景・必要性

○**所有者**が**空き家の活用や管理の方法、除却に係る情報を容易に入手**し、**相談できる環境**が少ない。

○多くの市区町村では、マンパワーや専門的知識が不足しており、所有者への働きかけ等が十分にできない。

➡空き家の活用・管理に係る**相談**や所有者と活用希望者の**マッチング等を行う主体が活動しやすい環境を整備**する必要。

改正概要（空家等管理活用支援法人の指定）

【改正法第23条～第28条】

○市区町村が、**空き家の活用や管理に積極的に取り組むNPO法人、社団法人等**を**空家等管理活用支援法人**に指定。

市区町村長

指定・監督

空き家所有者に関する情報の提供

※所有者の同意が必要

空き家の**財産管理人の選任請求**や、**空家等対策計画の策定等**に係る**提案**が可能

空家等管理活用支援法人

業務実施

＜支援法人が行う業務（例）＞

・所有者・活用希望者への**情報の提供**や**相談**

・所有者からの委託に基づく**空き家の活用**や**管理**

・市区町村からの委託に基づく**所有者の探索**

・空き家の活用又は管理に関する**普及啓発**　等

空き家の所有者・活用希望者

和田　この空家特措法改正の施行は二〇二三年一二月ですか。

石井　公布されたのが六月一四日で六カ月以内に施行ですから、一二月一三日までに施行することになっています。

和田　ギリギリいっぱいかかりますね。

石井　まあ、ギリギリかなと思っていますね。みなさんの準備期間等も一定必要であると思いますから、そのことを踏まえる必要があると考えています。

和田　すると、空家等管理活用支援法人はこうあるべき、といった内容は、これからヒアリングして協議し、指標を示すということですね。

管理不全は固定資産税が上がる

石井　今回、国は管理指針をつくります（図20）。「空き家の所有者のみなさん、こんなふうに管理しないと状態が悪くなりますよ」といったことを指針として書こうと思っています。「こういうふうに管理した方がいいですよ。管理しないといけませんよ」という国からのメッセージともいえます。その指針に従って、「あれ？　この所有者さん、ちゃんとやってないぞ。ゆくゆくは人に迷惑をかける特定空家等になるよ」という家を「管理不全空家等」に指定して、個別に指導・勧告ができます。空き家の敷地も対象であるため、「等」がつきます。

そして、勧告に至ったら「特定空家等」と同じように、固定資産税等が住宅用地特例で六分の一（二〇〇平方メートル以下の部分）に減額されていたのが、解除されます。このような仕組みを新たに入れました。

和田 そうすると、「特定空家等」との違いは、行政代執行ができるかどうか、ですね。

石井 そういうことですね。厳密に言うと、「特定空家等」では命令と行政代執行ができます。まあ、そこまで周りに迷惑をかけているからこそ、行政代執行という強い権限が行使できるのであって、それ以前の段階であれば、緩やかな指導・勧告までということですね。

和田 「所有者把握の円滑化」というところで、電力会社等に所有者情報の提供を求めることができる、というのはどのようなイメージですか（図20右下）。

石井 まさに所有者が誰なのかを探索する方法です。ガス会社や電力会社に、所有者情報を出してもらいます。

和田 行政から請求することができるんですね。

＜状態＞

良 → 悪

状態	対応
空き家発生	
そのままでは特定空家化	**管理不全空家……指導・勧告**
周囲に悪影響	特定空家……指導・勧告・命令・代執行

＜管理不全空家のイメージ＞

窓が割れた管理不全空家

所有者把握の円滑化

【改正法第10条第３項】

市区町村が**空等家に工作物を設置している者（電力会社等）に所有者情報の提供を求めることができる**旨を明確化

管理不全建物管理人の選任

【改正法第14条】

所有者に代わって建物管理を行う「**管理不全建物管理人**」の選任を市区町村が裁判所に請求可能

図20　管理指針、管理不全空家等

背景・必要性

○空き家の増加が見込まれる中、周囲に著しい悪影響を及ぼす「特定空家」になることを待つことなく、**特定空家になる前の段階**から、**管理の確保**を図ることが必要。

改正概要

特定空家化を未然に防止する管理

●**国が空き家の管理指針を告示。【改正法第6条第2項第3号】**

［・所有者が定期的に、空き家の換気、通水、庭木の伐採等を行う
・自ら管理できない場合は、空家等管理活用支援法人等に管理を委託するなどにより、空き家を適切に管理する］

・市区町村長は、放置すれば特定空家になるおそれのある「管理不全空家」に対し、**管理指針に即した措置を「指導」**。

・指導してもなお**状態が改善しない場合には「勧告」**が可能。

➡勧告を受けたときは、当該空き家の敷地に係る**固定資産税等の住宅用地特例**(※)**を解除。**

※小規模住宅用地（200㎡以下の部分）：1/6に減額
　一般住宅用地（200㎡を超える部分）：1/3に減額

【改正法第13条、附則第５条
（地方税法第349条の３の２）】

石井　そうです。

和田　これはやりやすくなりますね。管理不全空家等は、全数調査するのを想定しているのですか。住民からの情報提供などがあったら、その都度把握するということですか？

石井　特定空家等もそうですが、現場感覚からいくと、全数調査は難しいんですよ。およそ現実的ではないと思っています。市民一人ひとりが街で暮らしていますから、その人たちの声を行政がちゃんと拾えるかどうかにかかっていると思います。

和田　管理不全空家等に対して、指導・勧告後に適正な管理をするようになったら、固定資産税等の住宅用地特例の取り扱いはどうなりますか？　固定資産税の六分の一の減税が解除されてしまうということですが、減額免税は継続できるのでしょうか。

石井　改善されたら、勧告を撤回して、減額免税を継続することになるでしょうね。今、特定空家等でも勧告をして改善が認められたときには勧告の撤回をしているはずですから、管理不全空家等も同じだと思います。

略式代執行の費用を強制徴収

石井　次に除却についてです（図21）。特定空家等の所有者に対する報告徴収権をつけました。また、災害のあとなどに緊急代執行ができることとしています。「このままでは倒壊する」といったときに、除却の行政代執行ができます。これは、災害の前にもありうるかもしれませんね。

和田　命令を飛ばして、代執行ができるということですか？

石井　そうですね。しかし、「自分の持ち家が特定空家等である」という認識がない人にここまでやれるのか、というのが法作成時の憲法論的な議論になりました。やはり、ある程度のステップを踏んで、所有者も「自分の持ち家が特定空家等である」と認識していないと厳しいかな、ということになり、勧告までは必要ということになっています。

次に代執行費用の徴収ですが、行政代執行の場合は所有者から代執行費用の強制的な徴収ができたんです。ただ、所有者が誰だか分からない場合の略式代執行は、代執行後に所有者が分かっても、裁判所に訴えの提起を出して確定判決を得ないと費用が徴収できなかったんです。略式代執行のときに費用が徴収できないというの

〔通常の代執行〕 命令等 → 代執行

相当の猶予

〔緊急代執行〕 命令等 → 代執行

相当の猶予

緊急時には不要

※命令等…命令のほか、命令に付随する意見書の提出、公開の意見聴取等が不要になるが、命令前の指導・助言や勧告は必要。

代執行費用の徴収の円滑化

【改正法第22条第12項】

<現行>

・通常の代執行の場合には、行政代執行法の定めるところにより、所有者から、代執行費用の強制的な徴収が可能。

・他方、略式代執行（所有者不明時の代執行）の場合は、代執行後に所有者が判明した場合、**裁判所の確定判決を得ないと費用徴収できない。**

↓

<改正後>

・**略式代執行時や緊急代執行時**においても、行政代執行法に定める国税滞納処分の例により、**強制的な費用徴収を可能**に。

（国税滞納処分の例）

納税の告知（国税通則法36①）

↓

督促（同法37①）

↓

財産の差押え（国税徴収法47～）

↓

差押財産の公売等により換価（同法89～）

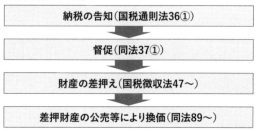

図21　特定空家の除却

背景・必要性

○空家の増加が見込まれる中、周囲に著しい悪影響を及ぼす**「特定空家」等も増加**する可能性がある。

○こうした中、市区町村が、**特定空家等への措置をより円滑にできるようにすることが必要。**

改正概要

状態の把握

【改正法第9条第２項】

<改正前>

・市区町村長には、特定空家の所有者から報告徴収を行う権限がないため、特定空家の管理状況等の把握が困難な場合がある。

<改正後>

・市区町村長に、**特定空家の所有者に対する報告徴収権を付与**し、特定空家への勧告・命令等をより円滑に行うことが可能となる。

代執行の円滑化

緊急時の代執行制度の創設

【改正法第22条第１項】

<現行>

・特定空家の除却等の代執行を行うためには、緊急時でも命令等を経る必要があり、迅速な対応が困難。

崩落しかけた屋根

<改正後>

・**緊急時**において除却等が必要な特定空家に対して**命令等**※**の手続きを経ず代執行を可能**とし、**迅速な安全の確保が可能となる。**

は、ずっと市区町村から言われていたことでしたから、これを強制執行できるように変えました。

市区町村長も財産管理人の選任請求ができる

石井　最後は、財産管理人についてです（２０９ページ図22）。民法の財産管理系の制度は充実してきています。所有者が不明のときには、「利害関係人の請求によって」裁判所が選任した財産管理人が、管理や処分を行うことができます。空き家対策でも、この制度が活用されていました。ところが、市区町村が財産管理人を立ててほしいと言えば「はい、分かりました」とすぐにやってくれるケースもあるのですが、中には裁判所が判断を渋るケースもあるんですね。そこで、今回は法律にはっきりと「市区町村長も選任請求ができる」と書かせてもらいました。

あとは、国土交通省の補助金で、みなさんの活動や、空き家対策モデル事業では、民間事業者の方々の活動を応援しています（２１１ページ図23）。

和田　ありがとうございます。やはり大きいのが、空家等管理活用支援法人と空家等活用促進区域のところですね。これは市区町村からするとやったことがないことなので、「どうやってやったらいいの？」と恐る恐るの部分があると思うんです。どこかアドバイスをもらえる窓口がありますか？

石井 国土交通省であれば、各ブロックに地方整備局があります。都道府県にも空き家対策部局があって、市区町村のみなさんをサポートしなければと頑張っていますから、そういった方々と、我々住環境整備室も含めて、一緒になってサポートをしていきたいなと思っています。

和田 目標として、五年間で支援法人一二〇、活用促進区域を一〇〇という目標を立てていらっしゃいます。そこは国として達成していきたいとお考えですか。

石井 当然です。

和田 絶対やらないといけないですよね。

石井 頑張りたいですよね。

和田 今までは除却がメインでしたが、これからは空き家を活用していきましょう、民間事業者も一緒にやっていきましょう、ということを国が前向きに圧倒的指標として出してくれましたので、民間事業者もこれをうまく使っていただきたいなと思っています。最後に一言お願いします。

〔財産管理人選任の申立てイメージ〕

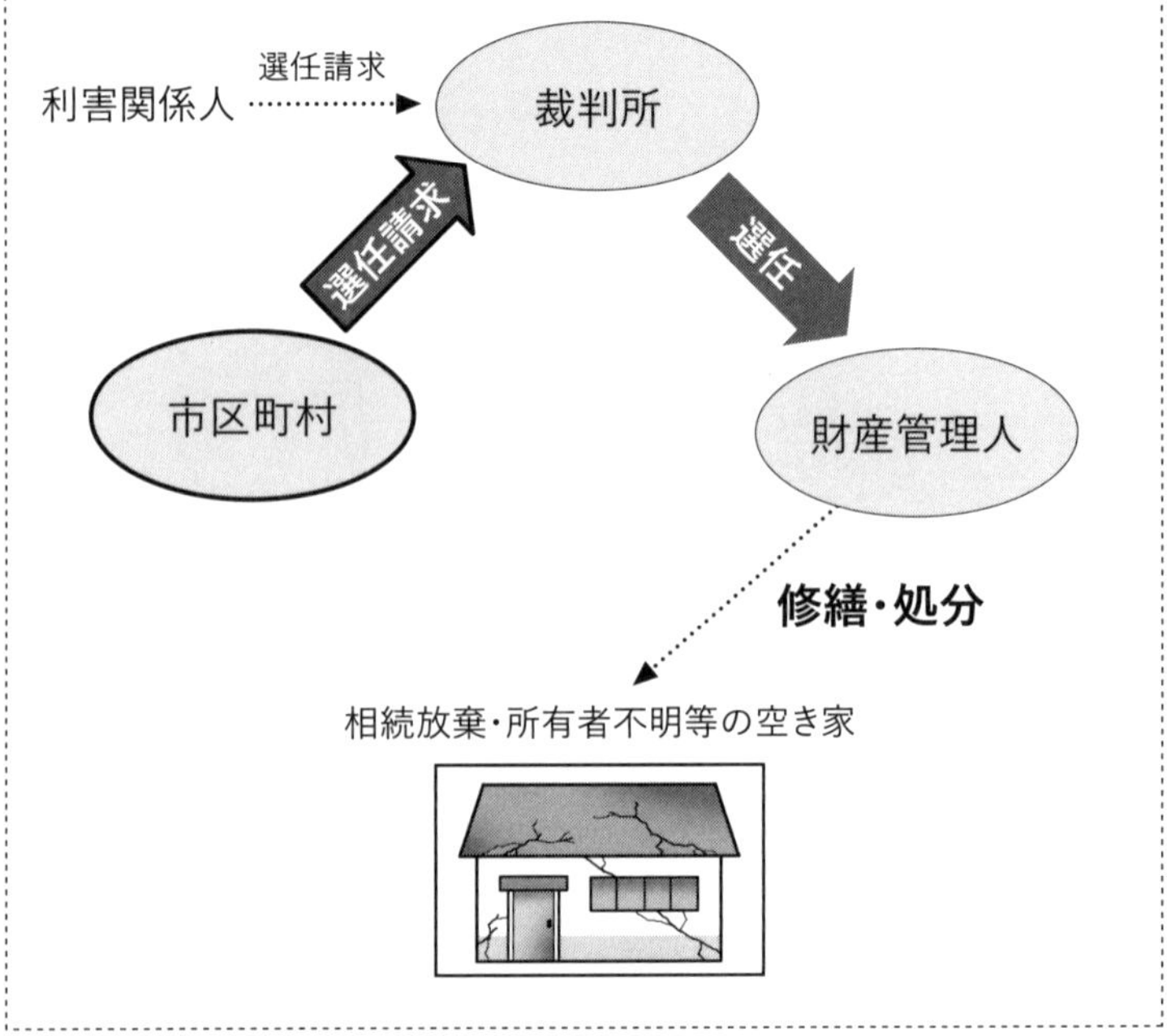

図22　財産管理人による空き家の管理・処分

財産管理人による空き家の管理・処分
【改正法第14条】
管理不全空家、特定空家等

<現行>
・民法では、土地・建物等の所有者が不在・不明である場合等に、**利害関係人の請求により裁判所が選任した**「財産管理人」が管理や処分を行うことができる制度が定められている（財産管理制度）。

<改正後>
・「財産管理人」の選任請求権は、民法上は利害関係人に限定されているが、**空家等の適切な管理のために特に必要があると認めるときには、市区町村長も選任請求可能。**

●所有者が従来の住所または居所を去り、容易に戻る見込みがない場合 ➡	不在者財産管理制度（民法第25条）【改正法第14条第１項】
●相続人のあることが明らかでない場合 ➡	相続財産清算制度（民法第952条）【改正法第14条第１項】
●所有者を知ることができず、またはその所在を知ることができない場合 ➡	所有者不明建物管理制度（民法第264条の８）【改正法第14条第２項】
●所有者による管理が適切でなく、他人の権利が侵害され、またはそのおそれがある場合 ➡	管理不全土地・建物管理制度（民法第264条の9、264条の14）【改正法第14条第３項】

※所有者不明土地管理制度は、所有者不明土地法に基づいて市区町村が活用する（所有者不明土地管理人の選任を裁判所に請求する）ことが可能（所有者不明土地法第42条第２項）

②代執行後の債権回収機関への委託費用
③財産管理制度※1の活用に伴い発生する予納金

※1 民法に基づく不在者財産管理制度、相続財産清算制度、所有者不明土地・建物管理制度、管理不全土地・建物管理制度

＜空き家対策関連事業＞
【補助率：各事業による】

○基本事業とあわせて実施する以下の事業
・住宅・建築物耐震改修事業　・住宅市街地総合整備事業　・街なみ環境整備事業　・狭あい道路整備等促進事業　・小規模住宅地区改良事業　・地域優良賃貸住宅整備事業　・住宅地区改良事業等計画基礎調査事業※2

※2 地域の拠点等かつ空き家が集中しているエリアにおいて、市区町村が空き家の活用に向けて行う現況調査については、補助対象限度額を引き上げ（1,074千円/ha→1,528千円/ha）

＜空き家対策促進事業＞
【補助率：市区町村が実施 国1/2、空き家所有者等が実施 国1/3・市区町村1/3】

○空き家対策基本事業と一体となってその効果を一層高めるために必要な事業

＜空き家対策モデル事業＞（NPOや民間事業者等が実施するもの）

①調査検討等支援事業

以下の1から3のいずれかのテーマに該当する創意工夫をこらしたモデル性の高い取組に係る調査検討や、その普及・広報等※への支援
【補助率：定額(国)】

1．空き家に関する相談対応の充実や、**空き家の発生抑制に資する官民連携体制の構築等**	2．**空き家の活用等に資するスタートアップなど、新たなビジネスモデルの構築等**	3．ポスト・コロナ時代を見据えて顕在化した、新たなニーズに対応した空き家の活用等

※将来的に空き家の改修工事・除却工事等を行う前提の取り組み、または市町村が作成する空家等対策計画に沿って行われる取り組みであること

図23　空き家対策総合支援事業

空家特措法の空家等対策計画に基づき市町村が実施する空き家の活用・除却に係る取り組み、NPOや民間事業者等がモデル性の高い空き家の活用等に係る調査検討又は改修工事等を行う場合に支援する。（事業期間：平成28年度～令和７年度）

事業内容

＜空き家対策基本事業＞

〇空き家の**活用**（地域コミュニティ維持・再生の用途に10年以上活用する場合に限る）

【補助率：市区町村が実施 国1/2、空き家所有者等が実施 国1/3・市区町村1/3】

〇空き家の**除却**

【補助率：市区町村が実施 国2/5、空き家所有者等が実施 国2/5・市区町村2/5)】

①特定空家等の除却（行政代執行・略式代執行等によりやむを得ず行う除却に係る補助率：国1/2）

②不良住宅の除却

③雪害、地震、風水害、土砂災害等の各種災害により被害が生じた、もしくは見込まれる空き家の緊急的又は予防的な除却

④上記以外の空き家の除却（跡地を地域活性化のために計画的に利用する予定があるものに限る）

〇空き家の活用か除却かを判断するための**フィージビリティスタディ**

【補助率：市区町村が実施 国1/2、空き家所有者等が実施 国1/3・市区町村1/3】

〇空き家を除却した後の**土地の整備**

【補助率：市区町村が実施 国1/2、空き家所有者等が実施 国1/3・市区町村1/3】

〇空家等対策計画の策定等に必要な空き家の**実態把握**

【補助率：市区町村が実施 国1/2】

〇空き家の**所有者の特定**

【補助率：市区町村が実施 国1/2 】

＜空き家対策附帯事業＞

【補助率：市区町村が実施 国1/2】

〇空家特措法に基づく代執行等の措置の円滑化のための**法務的手続等**を行う事業

①行政代執行・略式代執行に係る弁護士相談等の必要な司法的手続等の費用

②改修工事等支援事業

創意工夫をこらしたモデル性の高い※空き家の改修工事・除却工事等への支援

（補助率：活用 国1/3、 除却 国2/5、除却とあわせて行う土地の整備 国1/3）

※①の調査検討等支援事業に加えて本事業を実施する場合は、この限りではない

補助事業者・補助率

基本事業	空き家所有者等が実施※	市区町村が実施
活用・土地整備	国1/3、市区町村1/3、所有者等1/3	国1/2、市区町村1/2
除却（代執行等）	―	国1/2、市区町村1/2
除却（上記以外）	国2/5、市区町村2/5、所有者等1/5	国2/5、市区町村3/5

※市区町村による補助制度の整備が必要

モデル事業	NPO・民間事業者等が実施
調査検討等	定額（国）
活用・土地整備	国1/3、NPO・民間事業者等2/3
除却	国2/5、NPO・民間事業者等3/5

石井　活用のことなども入ってきて、市区町村の方々はいろいろやらなければならないと負担に思っていらっしゃるかもしれません。でも、繰り返しお話ししたように、必ずしもメインプレーヤーが市区町村である必要はないんです。民間の力をうまく借りながら行政を回していかないと、絶対にパンクしてしまいます。
誰とうまく手を組むと効率的にやっていけるのか。ぜひそれをあわせて考えながら、今後の空き家対策を充実させていただければと思います。

和田　ありがとうございました。

石井　秀明（いしい・ひであき）

国土交通省 住宅局 住環境整備室長。一九七〇年、新潟県新潟市生まれ。一九九七年、京都大学環境地球工学科から建設省（現国土交通省）へ入省。住宅性能表示制度の創設、省エネ法改正の検討、バリアフリー新法の施行、コンパクトシティ新制度（立地適正化制度）の普及、空き家対策、局内への予算配分、災害・遊戯施設事故対応、建築物の木造化などに携わる。二〇〇三年、愛知県春日井市出向。再開発ビルの経営再建のための出資者や債権者との交渉・ヘッドハンティング・労働争議対応に携わる。二〇〇九年、消費者庁に出向。賃貸住宅「追い出し屋」の対応、貴金属訪問買取の対応、預託事業者倒産の対応、留学サービス業の適正化、リコール情報サイトの作成などを行う。二〇一二年茨城県水戸市に出向。英国式庭園の再生事業、行政代執行の指揮、人生初のＮＨＫ出演（不祥事の謝罪会見……）。およそ建築技官とは思えないほど、意味不明に多様な業務を経験してきた。
二〇二三年七月、四年ぶりに住環境整備室に戻り室長に就任。「改正空家法」の円滑施行に携わる。空き家問題も、単純化すれば「不法投棄」と「不動産流通」という既往の課題でしかないというのが持論で、そこに、ビジネス感覚やまちづくりのセンスから、どうエッセンスを加えるかが重要と考えている。

＊この記事は、二〇二三年八月三日に行われたカンファレンス「空活会議《アキカツ》」内での対談を再構成したものです。図5～23は、石井秀明氏が対談内で用いた資料を基に、編集部で作成したものです。

おわりに

最後まで読んでくださったみなさま、誠にありがとうございました。

この本を通して、みなさまが抱えている課題が少しでも解決へ向かえば、これほどうれしいことはありません。空き家問題は自分だけの問題ではなく、地域、社会の問題であるとともに、自分だけでは解決できない問題です。だからこそ抱え込まず、諦めずに周りに頼ってください。僕たちに相談してください。必ず道は開けます。

相談に来られたときには不安な顔をされている方がほとんどですが、解決に向かい、意思決定がなされたときには、みなさん晴れやかな顔になります。そんな顔を見ると、本当にこの仕事をしてよかった、また一歩、空き家問題が解決に向かっていると実感します。この晴れやかな顔に出会うべく、相談に来られたあらゆる方たちと。「As a Neighbor（隣人のように）」「Put a Hyphen（ハイフンでつなぐ）」という僕らの魂を忘れずに、同じ目線で、同じ歩幅で、それぞれの空き家問題解決を成し得ていきたいと思います。

今回、出版するにあたり、何も取り柄のない僕がここまでの紆余曲折の人生を歩んでこられたのは、本当に多くの方に助けられたおかげであり、感謝しかありません。こんな機会はまずないですから、列記させてください。

まず、この機会をいただくきっかけとなり背中を押していただいた作家の小松成美先生、柿内芳文さん、そして光文社ノンフィクション編集部の樋口健編集長、ありがとうございます。担当してくださった三野知里さん、編集者の高木香織さんには、何度もお尻を叩いていただきご心配をおかけしました。そして、本の構成や事例等のまとめを手伝ってくれ、一緒に事業を歩んでくれているアキカツ（空き家活用株式会社）のメンバーとその家族、特に役員の坂井裕之（8歳の娘さんも会社の仲間）には最後の最後まで苦労をかけ続け、仕上げてもらいました。本当にありがとう。これからも日本のため、未来のために事業を盛り上げていきましょう！

そして、僕たちの取り組みや事業を応援してくれている株主のみなさま。本当にありがとうございます。本当に大変なときに助けてもらい、甘えさせてもらった株式会社グラッド服部武士社長、サラリーマンのころから一緒に大きくなろうと応援してくれている株式会社ヤマヒロ工業の山廣純社長、二〇代からお世話になり応援していただいている株式会社モデンナ谷幸夫社長、何も言わず応援し支えてくれている株式会社タナット山岸暢社長、株式会社とち亀物産上野真歳社長。いつも僕のわがままを聞いていただき、本当にありがとうございます。たくさんのすばらしい人材を、的確にご紹介いただき、僕の成長を後押ししてくださっている代表世話人株式会社杉浦佳浩社長、東亜道路工業株式会社新田浩部長。本当にありがとうございます。そして、軍艦島での気づきをくれたフロムファーイースト株式会社阪口竜也社長。あなたのおかげで、この世界を知り、創ることができました。ありがとうございます。

最初に僕と事業を信じて出資してくれたジェネシア・ベンチャーズ田島聡一さん、水谷航己さん。アキカツファンクラブ〇〇一番、JBR辻村泰彦さん。資本業務提携を自分ごととして進めて、画期的なサービスを世に出していただいたオリエントコーポレーションさん。特に笠間仁志常務、櫻井徹部長、最初に問い合わせてくれた岡洋二郎部長、そしてチームのみなさん。同じ熱量で取り組んでいただいている、あいおいニッセイ同和損保の乙黒彰仁さん、堀越洋平さん、田中千晶さん、徳永結香さん。自治体とは、を教えてくれつつ、事業をご一緒する世田谷区の千葉妙子さん、栗山町の小野寺さゆりさん、金丸佳代さん。僕らに瞬発力をくれたシャンプーハットてつじさん、フォーリンラブバービーさん、サバンナ高橋さん、女と男市川さん。同じ世界を見ている、STS Inc. 高瀬直史さん、TURNS堀口さん。僕たちを信じてくれてありがとうございます。

常に学びと気づきを与えてくれているEO大阪メンバー。切磋琢磨し、自分を鼓舞し、時にホッとさせてくれるフォーラムEnjinのきーやん、べーさん、ゆうちゃん、たいちゃん、てっちゃん、かっちゃん、みっくん、かよち、同級生で言い訳ができないけれど、僕の未来を応援してくれる昇龍會のたけちゃん、かわちゃん、おのちん、なおちゃん、ハルク、たいちゃん。どんなに心が折れそうなときでも、信じてくれてありがとう。ここまでの事業にできたのもみんなのおかげです。本当に感謝しています。三四歳のときに独立をし、そこから一緒に歩んできたオールピースのメンバー。僕のわがままに付き合ってもらいありがとうございます。絶対一緒に成功しましょう。

そして、僕を生み育ててくれた父芳郎、母正代には、ここまで、そしてこれからもチャレンジできる心身を授けてくれたことに感謝です。わずか五〇歳で亡くなった父の分まで、母には長生きしてもらえるようがんばります。まだまだ親孝行ができていません。父らしいこと何一つしていませんが、ちゃんと育ってくれた息子彪雅と娘夏芽には、尊敬と感謝です。いい子に育ってくれてありがとう。自分が信じる道を突き進んでほしいです。ここまで子どもたちを育ててくれて、どんなときでも僕を近くで支えてくれて、いろいろあったけど、一緒にいてくれている妻由美子には感謝してもしきれません。本当にありがとうございます。至らないところだらけですが、これからもよろしくお願いします。

まだまだ、感謝をのべないといけない方々がたくさんいらっしゃいますが、今後の僕たちの事業と実践で恩返しさせてください。これからも日本全国の自治体様の空き家対策のサポートをする【アキカツ自治体サポート】、空き家所有者さんの相談窓口【アキカツカウンター】、空き家マッチングサービス【アキカツナビ】をベースに、空き家対策からまちづくりへとつながる事業を構築し、タウンマネジメント、地域創生ファンドなども将来は立ち上げていければと思っております。応援して頂いているみなさまとこれから出会うたくさんの方々と、僕らはますます手を携え歩んでいかなければならないようです。

これだけ名前が並ぶと、まるでエンドロールのようですが、僕らはまだ何も成し遂げていません。今まさに、スターティングメンバーのアナウンスが流れたのです。読者のみなさまもぜひメンバーになっていただき――みなさまとともに未来の日本の国土の価値を上げ、魅力的な社会を将来世代に。

空き家活用株式会社　代表取締役ＣＥＯ
和田貴充

和田貴充（わだ たかみつ）

空き家活用株式会社代表取締役CEO。

1976年生まれ、大阪府摂津市出身。20歳で父が他界し事業を継承するが、4年で多額の借金を抱え、廃業する。24歳で不動産業界へ飛び込み、新築分譲会社で営業責任者を経験。2010年、新築戸建分譲の株式会社オールピース設立。'14年、長崎県の軍艦島へ行った際、ひとりの経営者に「君たちの業界（不動産・建築業界）が日本中に軍艦島（端島）をつくろうとしている自覚はあるか？」と思いもよらない言葉をかけられ、衝撃を受ける。未来の日本を、この軍艦島のようにしてはいけないという思いから、同年、空き家活用株式会社を設立。自社で空き家調査を行い16万件のデータを収集。そのノウハウを活かし、自治体サポートサービスを開始。自治体が自ら空き家を調査し閲覧・管理ができるアプリケーション「アキカツ調査クラウド」を提供。「アキカツカウンター」では、空き家所有者のよろず相談に乗り、活用希望者へと繋げる。

YouTube「ええやん！空き家やんちゃんねる」では空き家情報を発信し利活用希望者とマッチングを実現。1年で登録者36,800人超え、総動画再生回数550万回を突破。

「ええやん！空き家やんちゃんねる」https://www.youtube.com/c/akiyayan

今《いま》すぐ、実家《じっか》を売りなさい

空《あ》き家《や》2000万問題《まんもんだい》の衝撃《しょうげき》

2023年11月30日　初版第1刷発行

著　者　和田貴充《わだたかみつ》

発行者　三宅貴久

発行所　株式会社光文社

〒112－8011

東京都文京区音羽1-16-6

電話　ノンフィクション編集部　03-5395-8172

書籍販売部　03-5395-8116

業務部　03-5395-8125

メール non@kobunsha.com

落丁本・乱丁本は業務部へご連絡くだされば、お取り替えいたします。

組　版　萩原印刷

印刷所　萩原印刷

製本所　ナショナル製本

 ISBN978-4-334-10143-5